MON P'TIT CAHIER ZÉRO CHARGE MENTALE

JULIE MARTORY

ILLUSTRATIONS
DJOÏNA AMRANI (INTÉRIEUR)
ISABELLE MAROGER (COUVERTURE)

SOLAR EDITIONS

SOMMAIRE

Introduction

Ce matin, vous avez pris le métro, le bus ou votre voiture en faisant mentalement la liste des choses à acheter pour le pique-nique de la grande. Arrivée au bureau, vous avez noté dans un coin de votre tête de prendre rendez-vous chez l'orthodontiste tout en rageant parce que vous aviez oublié de signer le carnet de correspondance, le tout en allumant votre ordi. Ensuite, vous avez ouvert votre agenda à la date du jour et de sa note « dossier urgent » (#stress) tout en répondant au SMS de belle-maman qui demandait ce que le petit dernier voulait pour son anniversaire (des figurines Pat'Patrouille, bon sang !)… Aujourd'hui, comme d'habitude, vous avez eu une double journée, ou plutôt une journée deux en un, qui comme d'habitude (aussi) a failli faire exploser votre charge mentale !

La charge mentale, ce sont toutes ces choses qui pèsent sur vos pensées parce que vous êtes obligée d'y réfléchir en permanence. C'est penser à tout, tout le temps, et c'est là toute sa complexité : « penser » ne se quantifie pas, ne se voit pas, mais cela pollue votre esprit et vos activités à longueur de journée, vous stresse, vous épuise. Autre bémol de taille : vous ne pouvez (malheureusement) pas obliger l'autre à penser à votre place, et c'est bien là une grande part du problème…

Si votre charge mentale s'immisce dans les moindres recoins de votre vie (y compris lors de vos pauses pipi ou, scandale, avant votre café du matin), c'est que ses causes se cachent partout : une répartition inégale des tâches, une organisation bancale du quotidien, la pression sociale qui vous pousse à vouloir le meilleur pour votre famille, vos enfants, votre carrière… Résultat : vous n'avez aucun répit !

Bonne nouvelle toutefois : la charge mentale n'est pas une fatalité, à condition que vous soyez prête à agir sur tous les fronts ! Réorganiser votre appartement, rationaliser votre gestion du temps, répartir les tâches plus équitablement, mieux communiquer avec votre moitié et vos enfants, et travailler sur vous (évidemment) : vous êtes prévenue, c'est une véritable petite révolution qui s'annonce ! C'est parti… pour un peu de paix d'esprit !

Test : quel est le poids de ma charge mentale ?

La charge mentale, vous en portez une, c'est certain, sinon vous n'auriez pas ce livre entre vos mains ! Mais à quel point pèse-t-elle sur votre quotidien ? Répondez à ces quelques questions pour mieux jauger la bête avant de vous y attaquer !

1. Ce qui vous stresse le plus dans une journée « normale »…

- ☆ les conflits dans la famille.
- ☆☆☆ les imprévus dans votre organisation.
- ☆☆ les problèmes d'argent, de santé.

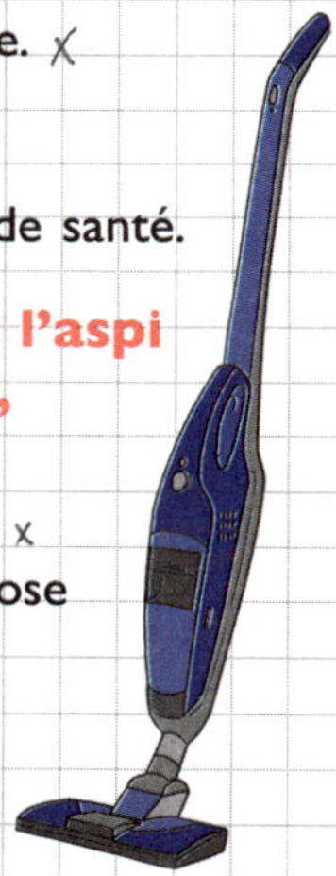

2. Un homme qui passe l'aspi sans qu'on lui demande, c'est…

- ☆ tout à fait normal, non ?
- ☆☆ suspect : il a quelque chose à se reprocher.
- ☆☆☆ un dieu. S'il est beau et intelligent, en plus, vous signez tout de suite.

3. Pour vous, les vacances riment avec…

- ☆☆☆ des réservations à faire, des bagages à préparer : beaucoup de choses à penser !
- ☆ le moment le plus attendu de l'année !
- ☆☆ un peu de prépa en amont, mais beaucoup de bonheur à l'arrivée.

4. Selon vous, un travail bien fait, c'est un travail…

- ☆☆☆ reconnu par vos pairs.
- ☆ fait, tout simplement.
- ☆☆ bouclé en temps et en heure, voire un peu à l'avance, c'est encore mieux !

5. Dans votre famille, le planning c'est…

- ☆☆ freestyle, au jour le jour.
- ☆ goûter d'anniversaire, rendez-vous chez l'orthodontiste, sorties scolaires : tout est indiqué sur un calendrier accroché au frigo.
- ☆☆☆ tout est noté, plus ou moins, dans votre agenda perso.

6. Votre compagnon propose de s'occuper du goûter d'anniv' de votre petit dernier…

- ☆☆☆ Ça ne sera pas fait comme vous voulez. Du coup, vous préférez le faire.
- ☆☆ Listes des invités et des courses, thématique, idées d'activités : vous lui prémâchez le travail.
- ☆ Vous proposez même de vous éclipser le jour J, le temps d'aller boire un café avec les copines.

7. On vous complimente sur votre délicieuse tarte aux fraises. Comment réagissez-vous ?

- ☆☆☆ La dernière fois je l'avais beaucoup mieux réussie…
- ☆ Y'a pas de quoi, c'est Picard ! x
- ☆☆ La pâte aurait mérité d'être un peu plus cuite, mais oui, elle n'est pas mal.

8. Si vous dites DTP à votre conjoint, il répond…

- ☆ diphtérie-tétanos-polio, fastoche brioche !
- ☆☆ c'est pas BTP, plutôt ?
- ☆☆☆ tu peux répéter la question ? x

9. La dernière fois que vous avez pris du temps pour vous, c'était…

- ☆ samedi dernier, une fois par mois, c'est soirée fille ! x
- ☆☆☆ à la maternité, pour la dernière visite de grossesse. Ça compte, non ?
- ☆☆ le mois dernier, pour aller chez le coiffeur.

10. Pour vous, être un bon parent, c'est…

- ☆ élever un enfant libre, ouvert d'esprit, qui a confiance en lui. X
- ☆☆☆ donner toutes les cartes à son enfant pour qu'il réussisse dans la vie.
- ☆☆ aimer son enfant et qu'il se sente aimé, le reste suit.

Faites les comptes !

Additionnez ici les étoiles obtenues au fil de vos réponses.

☆
20

De 10 à 12 ☆ : *votre charge mentale est assez légère.*

Avouez-le : vous avez déjà été maman dans une autre vie ! Au quotidien, vous arrivez très bien à déléguer, à prendre du recul, à relativiser, à vous accorder un peu de temps solo sans culpabiliser. Résultat : votre charge mentale ne vous écrase pas trop. On serait presque tenté de vous dire de ne rien changer, mais il y a toujours des petites choses à modifier pour rendre encore plus facile et épanouissant votre quotidien, et ce pour tous les membres de votre famille. Responsabilisez davantage vos enfants, optimisez le rangement de la maison, améliorez la communication au sein de la famille, vous n'en serez que plus heureuse !

De 12 à 22 ✩ : *votre charge mentale commence à peser.*

Elle n'est pas encore trop lourde, mais elle est tout de même là, cette charge mentale, sur vos épaules. Et, mine de rien, elle commence à se faire sentir. Que ce soit dans la gestion du temps et de la maison, dans la répartition des tâches ménagères, dans la responsabilisation des enfants, il y a des choses que vous pouvez améliorer pour l'alléger avant qu'elle ne devienne encombrante. Elle est comme les kilos en trop : si on ne fait rien, ils ont tendance à bien s'installer… et à se multiplier avec le temps. Soyez un peu plus souple et flexible, mettez-vous un peu moins la pression, n'essayez pas d'être constamment perfectionniste, et vous devriez rétablir l'équilibre sur la balance.

22 à 30 ✩ : *vous êtes écrasée sous le poids de votre charge mentale.*

Vous ployez littéralement sous le poids de votre charge mentale. En cause : une organisation pas (du tout) optimale, une répartition des tâches ménagères un peu (carrément) déséquilibrée, une (grande) difficulté à déléguer. Mais ça, c'est la face immergée de l'iceberg. Des choses ancrées profondément en vous viennent sûrement alourdir cette charge. Ce besoin de tout contrôler et de tout anticiper permet vraisemblablement de rassurer votre nature un peu angoissée. Derrière ce perfectionnisme se cache sûrement un peu de manque d'estime de soi. Le régime pour perdre quelques kilos de charge mentale : une pincée d'organisation, un filet de communication, mais surtout une bonne dose d'auto-louanges et du lâcher-prise à volonté.

Chapitre 1

Je fais un audit de mon quotidien

C'est quoi, précisément, ce concept un peu flou de charge mentale ? Qu'est-ce qui pèse dans la balance de votre mental… et de votre moral ? En réalité une multitude de facteurs qui, ajoutés les uns aux autres, finissent par vous miner. Règle numéro un de toute bonne stratégie : identifier l'ennemi ! En l'occurrence, les différents générateurs de charge mentale qui font monter la pression… et la fatigue.

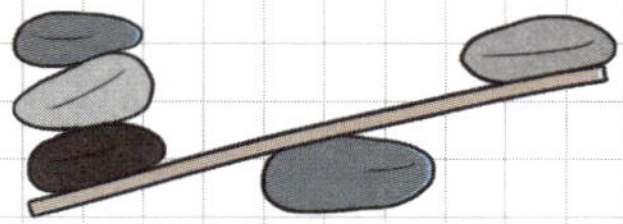

Je surveille les générateurs de charge mentale

Globalement, vous vous sentez fatiguée (voire épuisée), débordée (voire dépassée), mal lunée (voire exaspérée), mais est-ce vraiment parce que votre charge mentale vous écrabouille comme une colonie de fourmis sous les baskets de votre petit ? Un point sur les manifestations de cette fameuse charge mentale s'impose pour réaliser un premier bilan !

Vous portez une charge mentale si vous êtes…

Petite histoire de la charge mentale

Si on en parle de plus en plus depuis quelques années, la notion de charge mentale apparaît en réalité il y a plus de trente-cinq ans. La sociologue Monique Haicault est alors la première, en 1984, à la définir dans son article « La gestion ordinaire de la vie en deux », deux comme deux univers, l'univers domestique et l'univers professionnel, qui coexistent et empiètent l'un sur l'autre. Le problème n'est donc pas simplement de cumuler les casquettes de (super) maman et de (brillante) working girl lors de cette fameuse « double journée », mais bien d'avoir une « journée redoublée », soit une journée durant laquelle ces deux rôles se mélangent et se juxtaposent. Résultat : vous êtes obligée de vous dédoubler, mentalement du moins, pour être sur tous les fronts en même temps.

Cheffe (absolue) de famille

Le problème : dans votre petite entreprise, vous cumulez les jobs

Responsable RH, expert-comptable, responsable des achats, hôtesse d'accueil et secrétaire, sans oublier les services généraux et le CE, vous avez l'impression de cumuler les casquettes ? Normal, c'est le cas ! Comme bien des femmes ayant un emploi à plein temps, vous consacrez chaque jour en moyenne 2 heures de plus que votre moitié aux activités domestiques et parentales. Sans oublier que vous êtes en plus l'ordinateur et le disque dur de la petite troupe. Vous enregistrez toutes les données familiales… Pas étonnant que vous soyez HS !

Votre exercice (à faire à deux, idéalement) : le partage des tâches ménagères dans mon couple

La tâche qui fâche	C'est moi (qui m'en occupe) 2 points	C'est lui (qui est en charge) 0 point	C'est (un peu) tous les deux 1 point	On a de la chance : on a de l'aide ! 0 point
Les courses			X	
Le linge (machine et étendage)			X	
Le repassage				X
Le ménage	X			
Les poubelles		X		
Le bricolage				X
La toilette des enfants			X	
La cuisine			X	
Les repas (accompagnement des enfants, nettoyage…)			X	
Les devoirs			X	
La liaison avec l'école (signature des cahiers, échanges avec la maîtresse…)	X			
Les tâches scolaires administratives (inscription à la cantine, à la garderie…)	X			

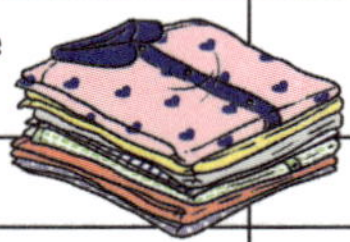

La tâche qui fâche	C'est moi (qui m'en occupe) 2 points	C'est lui (qui est en charge) 0 point	C'est (un peu) tous les deux 1 point	On a de la chance : on a de l'aide ! 0 point
Les rendez-vous médicaux (prise de rendez-vous + consult' + médicaments…	X			
Les activités extrascolaires (choix, inscription, taxi…)			X	
L'organisation de la garde des enfants (centre aéré, baby-sitter, parents…)	X			
Les tâches administratives familiales			X	
Les comptes		X		
L'entretien de la voiture			X	
L'organisation des vacances			X	
Le jardin			X	
…				
…				

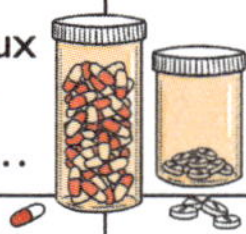

Additionnez votre nombre de points, puis divisez le résultat par deux pour obtenir une note sur 20.

Votre échelle d'évaluation : en matière de charge de travail, j'évalue ma charge mentale à 10,5/20.

Manager des enfants et de votre conjoint à temps plein

Le problème : vous « pensez à tout, tout le temps »

Votre couple ? Sur le papier (ou sur votre compte Instagram), vous êtes un modèle de parité ! Pourtant, au quotidien, c'est non seulement à vous de penser à tout, mais aussi de coordonner les tâches. C'est la double peine de la charge mentale : elle n'implique pas seulement de faire les choses, mais aussi de demander qu'elles soient faites. Et malheureusement, pas de congé, de récup ou de RTT : ce travail vous suit partout, tout le temps. Même en déplacement pro, vous devez gérer à distance le quotidien de la famille. Même durant votre séance de running, vous pensez au repas à préparer. Ajoutez à cela le fait que vous soyez hyper-connectée et votre temporalité planifiée est décuplée ! Joignable 24 h/24, vous êtes régulièrement rappelée à l'ordre par des petits bips. Impossible de vous mettre en mode avion !

Votre exercice : moi et le temps

Pour réfléchir à votre rapport au temps et à la pression qu'il exerce sur vous au quotidien, évaluez chacune des situations suivantes…

Je fais constamment des listes dans ma tête.

									X	
0 %	10 %	20 %	30 %	40 %	50 %	60 %	70 %	80 %	90 %	100 %

Mes univers pro et perso se chevauchent.

							X			
0 %	10 %	20 %	30 %	40 %	50 %	60 %	70 %	80 %	90 %	100 %

Je suis souvent en retard.

										X
0 %	10 %	20 %	30 %	40 %	50 %	60 %	70 %	80 %	90 %	100 %

Je prévois tout au dernier moment.

										X
0 %	10 %	20 %	30 %	40 %	50 %	60 %	70 %	80 %	90 %	100 %

Votre échelle d'évaluation : en matière de gestion du temps, j'évalue ma charge mentale à ……….. %.

Victime des aléas du quotidien…

Le problème : l'effet boule de neige !

D'un côté, il y a ce planning (impeccable, évidemment) que vous composez dans votre tête. De l'autre, il y a la réalité et ses grains de sable dans l'engrenage : un train en retard, une maîtresse absente, un petit qui fait 40 °C de fièvre, et c'est toute votre organisation qui tombe à l'eau. Le moindre imprévu met à mal la mécanique bien rodée de votre petite entreprise familiale et vous laisse un sentiment d'impuissance, et cette désagréable impression que les éléments sont contre vous.
L'effet boule de neige, c'est aussi cette succession de mini-tâches qui se mettent sur votre chemin, vous font faire des détours et, parfois même, oublier votre destination. Combien de fois vous est-il arrivé de partir pour ranger des papiers dans le bureau et, sur le chemin, de ramasser une paire de chaussettes qui traînait, avant de les mettre dans le panier de linge sale. Comme il était rempli, vous avez lancé une machine et vous vous êtes rendu compte qu'il n'y avait presque plus de lessive. Direction la cuisine pour le noter sur la liste de courses… Résultat : 2 heures plus tard, les papiers trônent toujours sur la table de la cuisine…

Votre échelle d'évaluation : en matière de petits aléas du quotidien, j'évalue ma charge mentale à 14/20

… et du mythe de la mère/femme/ working girl parfaite

Le problème : vous visez (trop) la perfection

Vous tentez de cocher toutes les cases de la « maman parfaite », et c'est tout à votre honneur. Le hic : à en juger par les réseaux sociaux (notamment), vous n'êtes jamais assez parfaite. La preuve, vous ne faites pas partie de ces mamans ultra-bankable qui réussissent professionnellement tout en ayant une famille nombreuse, pratiquant le zéro déchet et le portage, mangeant bio, inscrivant leurs enfants dans une école Montessori, pratiquant l'éducation positive mieux qu'Isabelle Filliozat… Bref, vous êtes soumise à une pression sociale de folie ! Fabriquer votre propre liniment oléocalcaire, décorer votre maison avec des palettes recyclées : c'est bien, c'est beau, vous adoreriez… mais cela vous rajoute du travail, avec à la clé un sentiment d'échec quand vous n'y arrivez pas et de petitesse quand vous vous contentez d'être une « simple » maman.

Votre échelle d'évaluation : en matière de pression sociale, j'évalue ma charge mentale à 16./20.

Je repère les symptômes de (sur)charge mentale

Insidieusement, la charge mentale a un impact sur votre manière d'être au quotidien, elle s'immisce au sein de votre couple, mine votre moral et affecte votre corps. Les signaux d'alerte sont là, mais il est parfois plus facile de les ignorer. Plus question de tergiverser : c'est le moment de vous écouter !

Fatiguée… à longueur d'année

Vous avez la sensation d'être épuisée en permanence parce que…

Vous êtes constamment sollicitée ! Votre esprit est sur le qui-vive, à penser à tout, à tout moment, il est donc naturel que votre corps et votre mental peinent à suivre. Vous êtes fatiguée, tant physiquement que psychologiquement. D'ailleurs, vous n'arrivez plus trop à faire la différence. Vous tirez sur la corde, encore et encore, mais jusqu'à quand tiendra-t-elle ?

Tirez la sonnette d'alarme si…

- Dès le matin, vous vous sentez épuisée et n'avez qu'une hâte : être au soir pour dormir.
- Cette fatigue finit par avoir des répercussions sur votre comportement. Avec vos enfants, vous avez zéro patience et vous énervez facilement. Au travail, vous avez du mal à vous concentrer.
- Votre lit vous paraît le seul endroit désirable au monde, loin de tout…

> **La fatigue décisionnelle, c'est quoi au juste ?**
> Le carrelage de la salle de bains, le menu de Noël, le cadeau de la fête des Pères… vous êtes sans cesse sollicitée pour prendre des décisions. Qu'ils soient de la plus haute importance ou tout à fait anodins (pâtes ou riz ce soir ?), ces choix incessants finissent par vous épuiser mentalement. Cela a un nom, c'est de la « fatigue décisionnelle », un effet secondaire de la charge mentale.

Mais pas de panique : il y a des solutions (page 81).

Votre échelle d'évaluation : vous évaluez votre état de fatigue à 18/20.

En mode stress… dès le matin

Vous êtes toujours tendue comme un arc parce que…

Petit rappel physiologique : le stress est, à la base, une réaction normale de l'organisme. Face à un danger, une cascade de mécanismes, dont la sécrétion d'adrénaline et de cortisol, se met en place pour vous donner les moyens physiques et psychiques de vous tirer de ce mauvais pas. Plutôt positif, donc. Problème : lorsque vous êtes constamment en mode stress, cela finit par vous vider. Le cortisol augmente et s'accumule, tandis que la sérotonine et la dopamine (les neurotransmetteurs du bien-être), elles, s'épuisent. À la clé, perturbations de l'immunité, troubles du sommeil et de l'humeur… Or la charge mentale et son cortège de générateurs sont tous des « stresseurs ». Le pire, c'est quand un imprévu met en péril toute votre organisation, avec des réactions démesurées de votre part. Non, pleurer devant un gâteau raté n'est pas normal !

Tirez la sonnette d'alarme si…

- Dès que vous ouvrez l'œil, le mode stress est enclenché.
- Irritable, agressive, peu patiente, vous ne vous reconnaissez pas, et c'est tout votre entourage qui en pâtit… à commencer par vos enfants.
- Vous êtes hyper-émotive, vous pleurez pour un rien (ou, du moins, pour des choses qui ne vous feraient pas pleurer habituellement).
- Votre corps exprime tout ce stress : maux de ventre, ballonnements, migraine, boutons d'herpès, eczéma, psoriasis, acné, palpitations…

Votre échelle d'évaluation : vous évaluez votre état de stress à 19/20.

Eternellement insatisfaite

Vous avez l'étrange sentiment de ne jamais être contente parce que…

Face à tant de choses à gérer, vous n'y arrivez plus et vous êtes bien loin de votre idéal de femme, de votre idéal de vie. Votre quotidien se résume à des obligations, des contraintes, des choses à rayer sur votre to-do list, des horaires… et bien peu de plaisir pour vous. Pire encore : vous avez l'impression de ne recevoir aucune reconnaissance ! Personne n'est conscient de (tout) ce que vous faites par amour pour votre famille, et cela vous blesse, profondément.

Tirez la sonnette d'alarme si…

- Vous ne vous épanouissez pas dans ce rôle : vous faites ce que vous avez à faire parce que vous le devez, tel un automate.
- Dans les pires moments, vous avez l'impression d'avoir gâché votre vie.
- Vous êtes l'ombre de vous-même, vous ne vous reconnaissez plus.

Votre échelle d'évaluation : vous évaluez votre degré d'insatisfaction à …/20.

Mon couple, ma bataille

Avec votre homme, c'est dur-dur parce que…

Si votre partenaire faisait sa part du job, vous n'auriez pas tant à faire et seriez donc plus heureuse… C'est le raisonnement qui vous pousse à considérer votre moitié comme responsable d'une part de votre mal-être, voire de votre malheur. À chaque fois que vous essayez d'aborder le sujet, cela tourne à la dispute. Quant aux câlins, vous n'avez clairement pas la tête à ça… En d'autres mots : la charge mentale détériore l'amour de votre couple. Parfois même, elle le brise.

Tirez la sonnette d'alarme si…

- Votre rancœur envers votre compagnon s'enracine.
- Vous avez la fâcheuse impression de vous sacrifier pour le bien-être de la famille.
- La communication est rompue.

Votre échelle d'évaluation : vous évaluez la tension au sein de votre couple à …/20.

Attention au burn out !

Le burn out, c'est ce syndrome d'épuisement mental et physique qui peut s'installer lentement et insidieusement face à une charge de travail et à un stress trop important dans le monde professionnel, mais aussi à la maison. La charge mentale peut ainsi mener à un burn out maternel. Ces quelques signes doivent vous alerter et vous inciter à demander de l'aide :

- un stress permanent ;
- un épuisement physique et mental ;
- le manque d'attention et de motivation ;
- un sentiment de vide ;
- l'impression que la moindre action du quotidien est une montagne à gravir ;
- une irritabilité, des accès de colère, voire des gestes violents envers vos enfants ;
- un détachement vis-à-vis de vos enfants, avec de moins en moins de gestes de tendresse ;
- un sentiment d'injustice au regard de tout votre investissement ;
- des troubles du sommeil ou de l'humeur ;
- une faible estime de vous ;
- une tendance à l'isolement ;
- une prise de poids ou un amaigrissement.

Votre exercice en plus : comment je me sens (vraiment) ?

Cochez les phrases dans lesquelles vous vous reconnaissez.

- ❑ Je suis très fatiguée.
- ❑ Je suis tout le temps stressée.
- ❑ Je ne suis jamais satisfaite de ce que je fais.
- ❑ Parfois, j'ai des réactions démesurées face à des petits détails.
- ❑ La nuit, je rumine.
- ❑ Ma vie m'apporte peu de joie et de satisfaction.
- ❑ J'ai l'impression de me sacrifier pour ma famille.
- ❑ J'en veux à ma moitié.

À vous de continuer l'inventaire des signaux d'alerte « charge mentale », voire de burn out si la liste s'allonge. Surtout, n'hésitez pas à consulter si vous vous sentez au bout du rouleau : votre généraliste ou un thérapeute peuvent vous apporter un soutien précieux.

J'identifie les situations à risque et je commence à réfléchir à des solutions

Avant de prendre le problème de votre charge mentale à bras-le-corps, un second bilan s'impose. Réfléchissez à ces petits moments où elle a été particulièrement pesante, les pistes que vous avez/auriez pu creuser pour l'alléger… et, avec un peu de recul, ce qui aurait vraiment pu vous changer la vie !

Un devoir sur table pour prendre la température

Sur Twitter, des internes en pédiatrie partagent via leur compte « ChargeMentale Pédiatrie » des anecdotes plus vraies que nature illustrant parfaitement la charge mentale des mamans via les réponses ou les comportements (un peu honteux) des papas ! Vous êtes tentée de retweeter ? Ne cédez pas à la tentation du #daddyshaming et potassez plutôt ce petit exercice pour trouver de nouvelles solutions en famille.

Situation 1

Le tweet qui fait mal…

« Et comment vous gérez la fièvre de votre fille, d'habitude ?

– C'est sa maman qui s'en occupe d'habitude, mais là elle travaille. »

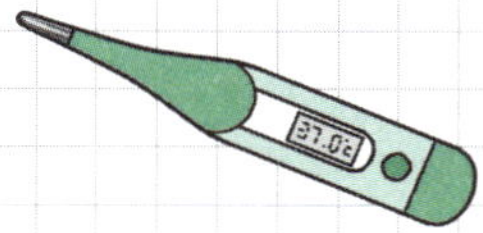

Ça pourrait arriver dans votre famille : ❑ oui ❑ non

Comment l'éviter ? ....

Situation 2

Le tweet qui fait mal…

« Elle est hospitalisée ? Mais je dois aller chercher ses affaires !

– Vous pouvez rester avec elle et votre mari peut rapporter tout ce qu'il faut.

– Mais il ne sait pas où sont les affaires, hein chéri ? »

Il acquiesce avec un sourire gêné.

Ça pourrait arriver dans votre famille : ❑ oui ❑ non

Comment l'éviter ? ....

....

Situation 3

Le tweet qui fait mal…

Mère en pleurs : « Comment je vais faire ? Je vais devoir rester avec elle à l'hôpital, donc c'est mon mari qui va devoir s'occuper de la grande. Comment il va lui donner le bain ? Il faudra que je revienne en journée pour faire les courses et les choses à la maison. »

Ça pourrait arriver dans votre famille : ❑ oui ❑ non

Comment l'éviter ? ....

....

Mes SCM (situations de charge mentale)

Ce type d'anecdotes, vous en avez sûrement une belle liste vous aussi. Remémorez-vous différentes situations au cours desquelles vous avez ressenti cette charge mentale, analysez votre comportement et réfléchissez à quelques pistes de solution.

Situation	Raison de la charge mentale	Ce que vous avez fait	Ce que vous auriez pu faire pour alléger la charge mentale
....	....	....	....
....	....	....	....
....	....	....	....

Le niveau 10 de ma charge mentale

De ce petit travail d'analyse, différentes thématiques devraient naturellement ressortir. Ce sont schématiquement les grands leviers d'action qui vous permettront d'alléger votre charge mentale. En voici les principaux…

- ✔ Le partage des tâches ménagères
- ✔ Le bon équilibre vie pro/vie perso de votre côté
- ✔ Le bon équilibre vie pro/vie perso du côté de votre moitié
- ✔ La gestion du temps au quotidien
- ✔ L'autonomie des enfants
- ✔ Le rangement et l'organisation de la maison
- ✔ La communication au sein du couple
- ✔ L'aide extérieure, votre capacité à déléguer
- ✔ Votre niveau de lâcher-prise
- ✔ Vos temps de récup

À vous de jouer !

Notez chacune de ces thématiques de 1 à 10, le 1 étant « on part/je pars quasiment de zéro sur ce point », le 5, « on est pas mal, mais il y a encore la moitié du chemin à faire » et le 10, « on est au top, pas de souci de ce côté ».

Reportez les résultats sur chaque barre, en coloriant le nombre de cases en fonction de la note attribuée. Vous pourrez ainsi visualiser d'un coup d'œil vos points forts et vos points faibles.

Mon petit bilan de début de parcours

Vous avez fini vos exercices ? Bravo (n'oubliez pas, vous méritez toujours des félicitations) ! Maintenant, servez-vous des résultats obtenus pour faire un premier point sur votre charge mentale. Globalement, votre charge mentale est :

❑ faible ❑ moyenne ❑ élevée

Au quotidien, cela se traduit par :

....

....

....

Cela vous rend : triste / en colère / frustrée / tendue /......

Vous voulez alléger cette charge mentale pour :

....

....

....

Les premières pistes d'action qui se dessinent sont :

....

....

....

Un petit conseil : servez-vous de ce petit bilan perso pour aborder le sujet de la charge mentale avec votre compagnon. Cette reconnaissance est une étape indispensable. Votre famille entière est à l'origine de cette charge mentale, elle doit donc être impliquée dans son allègement. En vous basant sur cet état des lieux, vos efforts seront beaucoup mieux ciblés et plus productifs.

Chapitre 2

J'organise mon home sweet home

Ranger, organiser, trier, étiqueter… : cela n'alourdirait pas (encore plus) votre charge mentale ? Dans un premier temps, oui, mais c'est pour mieux l'alléger par la suite ! En effet, pour harmoniser ces deux univers que sont la maison et le travail, l'idéal est de gagner en efficacité dans chacun des deux. Le principe : vous mettre sur pilote automatique pour toutes les actions quotidiennes et responsabiliser au maximum chaque membre de la famille grâce à une réorganisation de la maison.

Je rationalise mon intérieur

Le désordre, c'est un gouffre à énergie, un générateur de stress, un pilleur de temps. C'est la métaphore domestique de votre charge mentale : un tas de choses qui s'empilent… et risquent de s'écrouler à tout moment ! L'éradiquer en organisant plus efficacement votre maison, c'est donc déjà vous libérer d'un peu de charge mentale.

Je comprends que le rangement, c'est fastidieux, mais ça rend heureux !

Organiser votre maison pour qu'elle soit bien rangée, c'est logiquement la ranger plus facilement au quotidien et donc perdre moins de temps à chercher vos clés, le chargeur de votre téléphone, le carnet de santé du petit dernier… Vous savez, ces petits coups de stress au moment de partir au travail, qui sont parfois la goutte d'eau qui fait déborder le vase… Ne pas avoir à répondre au sempiternel « Maman, il est où mon sac de piscine ? », mine de rien, ça soulage ! Et si vous appliquez ce principe à tous les objets indispensables à votre quotidien (et surtout si vous incitez chaque membre de la famille à y participer), c'est autant de tracas en moins tous les jours !

Oui mais… « Toute cette organisation, ça va encore être pour ma pomme ? » Idéalement, ce travail de réorganisation de la maison doit se faire en famille. Imposez-vous, tirez la sonnette d'alarme : votre quotidien doit changer, ça ne peut plus continuer comme ça !

De l'ordre autour de soi, de l'ordre en soi
Ranger, c'est vous libérer de cette pollution visuelle, spatiale, mais aussi psychologique qu'est le désordre. Ranger votre intérieur pour retrouver votre moi intérieur : les adeptes du rangement, Dominique Loreau (*l'Art de l'essentiel,* J'ai Lu) et Marie Kondo (*la Magie du rangement,* Pocket) en première ligne, sont nombreux à en vanter les vertus psychiques. Parfois, il peut être utile aussi de faire du ménage parmi vos connaissances : les personnes négatives, celles qui sont « prise de tête », celles qui vous tirent vers le bas plutôt que vers le haut… Comme le bazar dans la maison, ces personnes « toxiques » puisent votre énergie, votre temps, et surtout vos bonnes ondes. Faites le tri !

Je prends, j'utilise, je range (intelligemment)

Ranger un objet quelque part, avoir l'intuition que ce n'est pas la bonne place et, la fois suivante, le chercher effectivement durant une dizaine de minutes (au moins)… vous connaissez ! Pour éviter ces petits incidents qui font grimper le curseur de votre charge mentale, adoptez l'automatisme « Je prends, j'utilise, je range ». Ranger n'est alors plus une corvée, mais une simple habitude. Magique, non ?
Ce « rangement systématique » nécessite cependant un petit (gros) travail de réorganisation de la maison en amont. Objectif : une place pour chaque chose, et chaque chose à sa place ! Et pas au petit bonheur la chance, bien sûr, mais de façon ra-tio-na-li-sée.

Commencez par adopter les 4 règles d'or du rangement intelligent…

- **Équipez-vous :** des boîtes transparentes, des étiquettes, des housses sous vide pour les objets volumineux (couettes, oreillers, combis de ski), des classeurs à soufflets dans le bureau, des pochettes en carton, c'est la base.
- **Centralisez** : ne dispersez pas les objets d'une même catégorie dans plusieurs pièces, mais regroupez-les en un seul endroit de la

maison. Les chaussures, ce n'est pas dans la chambre de chacun, mais toutes dans le placard de l'entrée.

- **Priorisez** : rangez les objets les plus utilisés dans les endroits les plus accessibles… tout simplement !
- **Éduquez** : chaque membre de la famille doit adhérer au concept du « rangement systématique ». Or, comme l'a dit un (illustre) inconnu, « vos enfants suivront votre exemple, pas vos conseils ». Traduction : à vous de donner l'exemple !

… avant d'appliquer le tout pièce par pièce !

Les règles ? Vous les maîtrisez ! Mais par où commencer ? Tentez ces quelques aménagements !

- **Dans la cuisine,** préparez une étagère pour le petit déjeuner (céréales, biscottes, chocolat en poudre, thé, café), une pour la pâtisserie (farine, sucre, levure), une pour les conserves, une pour les féculents (riz, pâte, semoule, lentilles), en réservant les étages les plus accessibles pour toutes les catégories du quotidien. Si vous souhaitez que les enfants mettent la table, les verres et les assiettes doivent être à leur portée !
- **Dans le bureau,** prévoyez une pochette pour les factures, une autre pour les assurances, un tiroir pour la santé. Scannez aussi tous les documents que vous êtes régulièrement amenée à fournir (carte d'identité ou passeport, attestation de responsabilité civile, page des vaccins du carnet de santé, livret de famille…), le tout rangé dans un dossier « Documents administratifs » sur votre ordi, évidemment ! N'hésitez pas aussi à installer une boîte à chargeurs, à piles, à câbles et à batteries, bref tout le nécessaire pour recharger les multiples appareils électriques qui envahissent notre vie.
- **Dans la salle de bains,** aménagez une étagère ou un tiroir pour chaque type de produits : cheveux, visage, corps, enfants, bébé, maquillage… Évidemment, n'oubliez pas de vous faciliter la vie avec deux paniers à linge sale, l'un pour les vêtements de couleur, l'autre pour le blanc.
- **Dans les chambres,** stockez une boîte « été » où glisser casquettes, chapeaux, lunettes de soleil, tee-shirts anti-UV & co, et une autre « hiver » pour ranger écharpes, gants, tours de cou… En effet, c'est pareil chaque année : lorsque le thermomètre descend brutalement sous les 10 °C, vous vous demandez où vous avez bien pu ranger le bonnet… 5 minutes avant de partir à l'école, évidemment !
- **Dans la pièce de vie,** investissez dans un panier ou un sac « bibliothèque », où vous pourrez rassembler tous les livres et DVD empruntés, histoire de ne pas retourner toute la maison le jour où vous devrez les

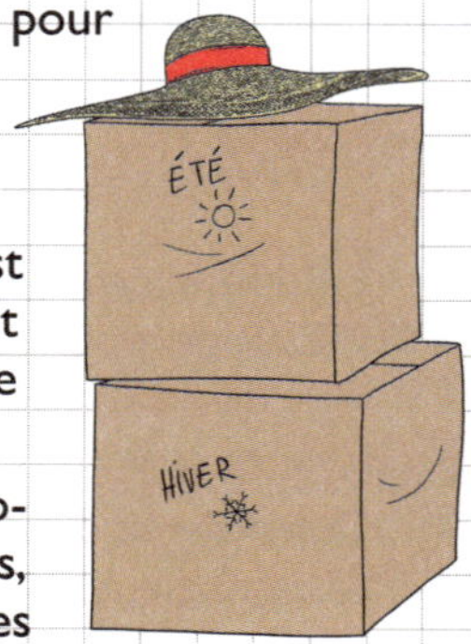

rendre. Prévoyez aussi une boîte à souvenirs où ranger les cartes postales, les dessins et autres objets fabriqués par les enfants, toutes ces choses que vous voulez garder sans pour autant les exposer !

- **Dans l'entrée,** installez un petit « pôle à désordre », car dans la vraie vie il y a toujours des ORNI (objets au rangement non identifié) ou des objets en transit. Autorisez dans la maison un ou deux pôles à désordre (un tiroir dans la cuisine, un panier en rotin dans le salon, une boîte dans l'entrée) où mettre pêle-mêle ce que vous ne savez pas où ranger. Mais attention, il faut y faire régulièrement le tri.

À vous de jouer !

Vous ne savez pas par où commencer ? Définissez vos priorités dans le tableau ci-dessous !

Dans cette pièce...	Je fais quoi en priorité ?
Cuisine	....
Salle de bains	....
Salon	....
Entrée	....
Chambre des enfants	....
Chambre des parents	....

Je trie, je donne, je jette

Au fil des années et des enfants, un constat s'impose : vous avez accumulé suffisamment de dessins et donc de papier pour déforester (ce qu'il reste de) la forêt amazonienne ! Il va falloir faire évoluer tout cela ! Il ne s'agit pas de vous convertir au minimalisme – chaque chose en son temps –, mais de faire un peu de tri qui allégera votre quotidien. **Votre mission :** appliquer une de ces quatre ou cinq solutions pour chaque objet de la maison (ou presque).

→ **Jetez** ce qui ne marche plus ou ce qui est abîmé. Le bon endroit : la déchetterie, les encombrants, les bennes à vêtements (ils pourront être réutilisés ou recyclés).

→ **Vendez** ce qui est en bon état mais dont vous ne vous servez plus, ce que vous n'aimez plus, ce qui vous rappelle de mauvais souvenirs, ce qui ne vous va plus. Le bon endroit : le Bon Coin, Vinted, les vide-greniers, les puces spéciales enfants…

→ **Donnez** ce qui est en bon état mais que vous n'avez pas le temps ou l'envie de vendre. Le bon endroit : donnons.org, co-recyclage.com, Emmaüs, Secours populaire, le marketplace de Facebook, la famille, les amis. Profitez-en au passage pour sensibiliser vos enfants au don, en leur expliquant que, si certaines choses ne vous servent plus, elles peuvent être utiles à d'autres personnes.

→ **Gardez** ce dont vous vous servez régulièrement, ce qui vous va, vous rend heureuse, vous facilite le quotidien. Et, bien évidemment, attribuez-leur une place illico.

→ **Joker !** Et si vous hésitez (vraiment) ? Vous avez un petit joker, mais n'en abusez pas… Prévoyez un carton où laisser les objets « en transit » durant 3 mois, grand maximum. Vous ne les avez pas utilisés au terme de ce délai ? Donnez, vendez, jetez : pas d'excuse !

Dans un second temps, ce travail de tri vous amènera à vous interroger sur l'essentiel et sur le superflu, et au passage sur les valeurs que vous souhaitez transmettre à votre enfant. Une démarche forcément bénéfique pour la charge mentale : redéfinir vos priorités, c'est forcément vous alléger. Avoir moins de choses, c'est aussi limiter le nombre de choix à faire au quotidien et, mine de rien, ça ôte d'un poids ! Faites un pas vers la slow life : c'est pour votre bien !

J'organise un rituel du rangement… en famille !

Les choses s'accumulent, s'abîment, les enfants grandissent, la mode change… Deux fois par an – au printemps et en automne, c'est l'idéal –, mettez donc en place un grand rituel de rangement en famille.

- **Dans la cuisine** : traquez les denrées suspectes, la vaisselle ébréchée, les boîtes en plastique sans couvercle (et en plastique tout court, le verre, c'est plus sain !), les poêles abîmées, mauvaises pour la santé également ! Profitez-en pour nettoyer placards et tiroirs à fond, car voir des miettes dans le tiroir à couverts tous les matins, cela nourrit la charge « ménage » !
- **Dans la salle de bains** : débarrassez-vous des fards à paupières que vous ne sortez qu'en cas de soirée revival 80's, du vernis devenu pâteux et du fond de teint décidément trop foncé. Côté médicaments, recyclez les produits périmés et les boîtes aux trois quarts vides en les ramenant à la pharmacie.
- **Dans la chambre des enfants** : rangez les vêtements trop petits dans des boîtes par âge ou dans un sac à donner à

la cousine, jetez les jouets cassés ou incomplets, vendez les jouets dépassés au vide-grenier, triez les milliards de dessins et ne conservez que les plus jolis dans une pochette. Personne ne peut raisonnablement tout garder, ne culpabilisez pas à ce sujet ! La bonne idée pour éviter que la chambre de votre petit ne devienne l'annexe d'un magasin de jouets : à chaque nouveau jouet, demandez-lui d'en choisir un qu'il n'utilise plus (ou très peu) et de le donner.

- **Dans votre dressing :** jetez les collants filés, les sous-vêtements grisâtres. Déposez à la benne à vêtements les pulls en laine boulochés, les tops démodés. Donnez à une association les fameuses chaussettes célibataires, celles dont la jumelle n'a pas surmonté l'épreuve de la machine à laver.

Je fais le tour des lieux stratégiques

Vous avez beau faire des efforts et la guerre à toute la famille, certains lieux de la maison attirent le désordre, tels des pôles magnétiques ! Ces lieux à haut risque méritent donc une double dose de rationalisation ! À vous de jouer !

L'entrée de tous les dangers

Vous rentrez chez vous, déposez les clés de voiture, votre sac à main, les enfants posent (jettent) leur sac par terre, leurs manteaux sur la rambarde de l'escalier… dans le meilleur des cas. En bref : l'entrée est un lieu à haut potentiel de désordre. Et pourtant, c'est l'image de votre *home sweet home* que vous gardez en tête en partant au travail, et celle que vous découvrez après une journée bien remplie.

Votre to-do list pour une entrée nickel

→ **Adoptez le credo : une personne, un portemanteau.** Inspirez-vous des couloirs de la maternelle et de ses portemanteaux individuels en collant un petit dessin ou une photo de votre enfant. Évidemment, chaque personne est responsable de ce qu'il accroche à son portemanteau… ou pas ! Le petit truc en plus : prenez soin d'installer le portemanteau à la hauteur de votre enfant, et laissez-le choisir un modèle amusant.

→ **Accrochez les clés** grâce à des petits crochets, un joli vide-poches : peu importe la forme, du moment qu'elles ont une place attitrée ! Les ranger (ainsi que celles du reste de la famille) doit devenir un automatisme, histoire de ne pas les chercher 10 minutes (ou plus) alors qu'elles sont restées dans la poche de votre manteau…

→ **Mettez les chaussures au garde-à-vous :** au Japon, entrer dans une maison avec ses chaussures est un sacrilège ! Appliquez le même principe chez vous ! Dès la porte d'entrée passée, déchaussez-vous et rangez vos chaussures dans le placard, qui comporte idéalement un espace dédié pour chacun. L'outil qu'il vous faut : les rangements à chaussures verticaux à accrocher dans une penderie, dans lesquels vous pourrez glisser vos souliers en un tour de main.

Un poste de commandement efficace

Une console dans l'entrée, un pan de mur dans la cuisine : peu importe ce que vous choisirez, l'objectif est d'avoir un « poste de commandement » dans la maison, c'est-à-dire un lieu qui centralisera toutes infos importantes pour la bonne marche de votre petite entreprise. Tout noter dans votre agenda, c'est (déjà) bien, mais le problème, c'est que c'est *votre* agenda… et donc votre charge (mentale). L'objectif est de sortir un maximum de choses de votre tête, de les organiser et de les partager avec tous les membres de la famille.

Par où commencer ?

Pour créer votre centre de commandement sur mesure, plusieurs solutions…

→ Investissez dans un grand panneau de liège sur lequel vous pourrez punaiser les différents éléments importants de votre quotidien.

→ Optez pour un tableau blanc magnétique, sur lequel vous pourrez écrire et accrocher des feuilles.

→ Tentez un système de différents porte-bloc à pince accrochés au mur.

→ Pour les rangements à documents, offrez-vous des petits paniers en fer, des portes-documents verticaux en bois ou en carton épais…

> En panne d'inspiration ? Piochez des idées sur Pinterest en cherchant « family command center » ou « poste de commandement maison ».

Votre check-list pour accessoiriser votre centre de commande comme une pro

→ **Un petit calendrier annuel** comportant les vacances scolaires, les congés, les grands événements, ainsi que les semaines papa et les semaines maman si vous êtes en garde alternée.

- **Un calendrier mensuel** mentionnant rendez-vous, sorties, activités extrascolaires, matchs, goûters d'anniversaire… Et n'oubliez pas de vous faire plaisir avec un joli graphisme : de nombreuses blogueuses proposent des calendriers gratuits imprimables !
- **Un calendrier des routines** du matin et du soir pour les enfants.
- **Les menus** de la semaine **et la liste des courses** associées.
- **Un endroit où noter des choses importantes** (petit carnet accroché, post-it, tableau noir ou blanc).
- **Des rangements pour le courrier :** « à traiter », « à ranger », « à envoyer », avec quelques timbres et des enveloppes à dispo.
- **Un rangement « à signer »,** où les enfants glissent les papiers de l'école.
- **Un planning des tâches.**
- **Une fiche contacts :** travail de papa, travail de maman, crèche, école, centre aéré, baby-sitter, pédiatre, généraliste, grands-parents, numéros d'urgence (Samu 15, police 17, pompiers 18)…
- **Un mantra à changer chaque semaine, une carte postale des vacances, une photo…** un petit plus pour vous mettre de bonne humeur !

Le bon réflexe à prendre : lorsque votre moitié demandera à quelle heure a lieu le tournoi d'échecs, ce qu'il faut acheter au supermarché ou bien où trouver le numéro de la crèche, répondez-lui que c'est écrit sur le tableau, et rien d'autre. Il sait lire, non ?

Les satanés (pour être polie) mots de passe !
Elles nous facilitent la vie et sont même parfois incontournables : les démarches en ligne pour réserver la cantine, prendre rendez-vous chez le docteur ou télécharger une attestation d'assurance sont désormais incontournables. Encore faut-il avoir l'identifiant ET le mot de passe… Si vous pouvez évidemment les enregistrer dans votre navigateur, mieux vaut créer une fiche mémo pour rafraîchir les idées de votre moitié ! Plus d'excuses pour vous laisser caler les rendez-vous ou vous occuper de l'administratif !

Mon programme pour responsabiliser les enfants

« Tu leur fais tout, c'est pour ça que tu es fatiguée », vous dit votre mère. Ça vous agace, mais elle n'a pas tort : vos enfants ont zéro autonomie. Tout faire à leur place, c'est plus rapide et plus simple sur le moment, mais ce n'est pas une stratégie gagnante sur le long terme. Il est temps de lancer l'opération responsabilisation !

Un rangement rationnel

=

faciliter l'autonomie des enfants

=

moins de choses à faire, à penser ou à rappeler au quotidien

=

moins de charge mentale !

J'installe des rangements kids friendly

Il laisse tout traîner, partout, tout le temps ? Et si vous proposiez un rangement sur mesure à votre enfant ? Ses qualités : être clair et identifiable, pratique et à sa portée, et surtout ludique !
Quelques bonnes idées à adopter…

- **Trié, c'est gagné !** Investissez dans des boîtes transparentes de différentes tailles à empiler, dans lesquelles votre enfant pourra ranger ses jouets par catégorie : Playmobil, Lego, Petshop, pâte à modeler…
- **Meuble à tout faire !** Les modules de rangement bas sont parfaits pour les enfants. La partie haute sert de banquette pour la lecture ou de support pour les jeux, et la partie basse permet à votre enfant de ranger facilement grâce à ses paniers ouverts.
- **Opération recyclage :** vous les utilisez peut-être déjà en cuisine, mais c'est le moment de leur donner une deuxième vie ! Les petits paniers en plastique, à accrocher en hauteur, peuvent accueillir les crayons (rangés par type : feutres, pastels, crayons de couleur), les barres aimantées pour couteaux conviendront parfaitement pour les petites voitures, les boîtes à vis, pour la collection de perles, les rangements en tissu à chaussures, pour les poupées Barbie et les peluches…
- **La petite desserte DIY :** votre enfant est fan de dessins et de travaux manuels, et le salon se transforme régulièrement en atelier ? Rassemblez tout son matériel d'artiste dans une petite desserte à roulettes qui le suivra de pièce en pièce !
- **Ni vu ni connu !** Les larges boîtes à roulettes à glisser sous le lit sont parfaites pour les déguisements ou les jouets volumineux, comme les circuits de voitures ou de train.
- **Un kit devoirs :** le bureau dans la chambre, ça fait sérieux, mais combien d'enfants y font réellement leurs devoirs au primaire ? Le plus simple est de prévoir un endroit où vous pouvez superviser les leçons.

Pour parer à tous les besoins, faites-vous un « kit devoirs » : crayon rouge, gomme, crayons de couleur, feutres, crayon noir, règle, calculatrice, le tout rassemblé dans un petit panier à ranger vite fait bien fait une fois les devoirs bouclés.

Je rends le rangement ludique !

Votre enfant est (presque) équipé ? Encore faut-il qu'il veuille bien ranger ! En la matière, rien ne vaut quelques bonnes astuces pour l'encourager à mettre la main à la pâte !

Jouez au petit assistant

Impliquez votre enfant dans la mise en place de ces nouveaux rangements. Laissez-le choisir l'emplacement de telle ou telle boîte, trier ses jeux (il en redécouvrira sûrement), faire des étiquettes à coller sur les boîtes avec un dessin ou une photo découpée dans un catalogue.

Instaurez un rituel du rangement

Mettez en place un rendez-vous quotidien du rangement, avant l'histoire du soir par exemple. Et n'oubliez pas d'expliquer à votre enfant vos attentes (ce que vous entendez par « ranger ») et pourquoi c'est important de mettre de l'ordre régulièrement dans sa chambre (pour ne pas perdre des jouets, par exemple) !

N'oubliez pas le panier à bazar

Prévoyez un panier où votre enfant rassemblera toutes ses affaires qui traînent dans la maison pour les emporter en une seule fois dans sa chambre… où il les rangera ensuite à leur place attitrée, bien entendu !

Et s'il jouait en mode Montessori ?

La méthode Montessori a pour objectif de favoriser l'autonomie de l'enfant grâce à un environnement et à des outils adaptés. L'enfant a ainsi libre accès à ses jeux : ils sont rangés toujours à la même place, sur une étagère à sa hauteur. Chaque période de jeu suit un rituel bien précis : l'enfant prend le matériel sur l'étagère, déroule son tapis d'activité (lequel délimite son espace), joue, puis range son matériel une fois l'activité finie, avant d'en commencer une autre. Maria Montessori recommande également le concept de « rotation des jouets » : laissez 3 ou 4 boîtes de jeux à la disposition de votre enfant, les autres étant rangées en hauteur, et faites-les tourner tous les mois ou toutes les 2 semaines. Bénéfice 1 : moins de choses à ranger. Bénéfice 2 : l'enfant redécouvre ses jouets… et s'ennuie moins. À tester !

Je le coache pour les activités

Avouez-le : même si vous êtes ravie que Louise fasse du violon et que Barnabé soit ceinture jaune de judo, les activités scolaires sont un peu la goutte d'eau qui fait déborder le vase d'un quotidien déjà bien chargé. Elles viennent bousculer la routine de la sortie d'école, et parfois même empiéter sur le sacro-saint week-end, surtout quand vous devez faire le pied de grue dans les gradins du terrain de foot le samedi matin. Pour vous faciliter (un peu) les choses et éviter les (petits) oublis, appliquez les deux mêmes principes que pour la maison : organisez-vous pour faciliter l'autonomie des petits ; prenez, utilisez et rangez. L'objectif ? Que votre petit champion gère (enfin) seul ses affaires.

Quelques pistes pour vous lancer…

- **Prévoyez un sac par activité extrascolaire,** identifiable facilement grâce à une couleur ou à un dessin. Un simple tote bag à personnaliser ou un sac à dos basique feront très bien l'affaire.
- **Créez un espace spécifique,** dans l'entrée si vous avez de la place ou dans sa chambre, pour ranger ces sacs : une patère, un panier, un bac spécial « activités extrascolaires »…
- **Identifiez clairement le jour et l'heure des activités** scolaires sur le calendrier de la semaine, avec un dessin pour que votre enfant, même s'il ne sait pas encore lire, puisse se repérer dans le temps et, à terme, sorte seul son sac d'activité le jour J.
- **Demandez-lui de ranger ses affaires au retour de l'activité,** même si c'est le rush du soir ! Bien sûr, cela ne se fera pas du jour au lendemain : au début, accompagnez-le en lui expliquant quelles affaires doivent être systématiquement lavées après l'entraînement, où les mettre…

J'organise un conseil de famille

Une fois cette organisation mise en place, prévoyez un conseil de famille ou un temps d'écoute familiale (page 62) couplé à un tour de la maison pour présenter ces nouveaux aménagements, qui ont pour vocation d'être utilisés au quotidien par tous les membres de la famille. C'est la condition sine qua none pour qu'ils abaissent d'un cran votre charge mentale. Éduquer, communiquer, expliquer : c'est la clé !

Chapitre 3

Je suis la maîtresse du temps

S'il y a bien une chose après laquelle vous n'arrêtez pas de courir (à part vos enfants), c'est bien le temps ! C'est en effet l'une des composantes clés de la charge mentale, mais une composante avec laquelle il faut… composer : le temps n'est (malheureusement) pas extensible. Et même si vous aviez une baguette magique permettant d'ajouter une 25e heure à votre journée, cela ne réglerait pas la question : cette heure de rab serait aussi remplie de 72 nouvelles tâches à faire… Faut-il vous avouer vaincue ? Non ! Il est possible de dompter la bête en hiérarchisant les tâches (pour mieux en zapper), en les planifiant (efficacement), en les délégant (sans culpabiliser), en créant des routines et enfin, et c'est le nerf de la guerre (domestique), en partageant mieux l'information !

Mieux gérer son temps
=
Prioriser et répartir les différentes tâches
+
Mieux communiquer
+
Faciliter le quotidien et l'autonomie de chaque membre de la famille
=
Alléger votre charge mentale

Vie pro, vie perso : je compartimente

Répondre à un mail pro pendant le bain des enfants, essayer de décrocher en urgence un rendez-vous chez le dentiste entre deux réunions au bureau… pire que la double journée des mamans, c'est la journée deux en un qui fait grimper votre charge mentale. Pour éviter les débordements, adoptez ces 3 grandes règles de vie, qui vous permettront de voir qu'il existe une solution à chacun de vos problèmes !

Je suis ferme sur les horaires… et souple quand il le faut

Le problème

Votre boss fait les louanges de votre collègue (sans enfant), qui reste au bureau tous les soirs jusqu'à 20 heures ? Normal (malheureusement) : en France, le présentéisme est bien ancré, et peu d'entreprises ont intégré l'idée que l'on pouvait être productif sans rester des heures au travail. Résultat : partir à 17 h 30 pour aller chercher le petit à la crèche et le grand à la garderie ne fait pas très sérieux ! Sans compter que, pour vous, c'est un véritable crève-cœur et un poids de plus sur votre charge mentale.

La solution

Si possible, essayez de rester ferme… mais souple quand il le faut ! La réunion à 18 heures, c'est non en principe, sauf quand c'est vraiment, vraiment, vraiment important. Durant vos journées de travail, mettez en place des « temps 100 % concentration » : 45 minutes sans consulter votre téléphone, vos mails perso ou vos notifications. Difficile de vous y tenir ? Avec votre +1, instaurez un roulement : cette semaine, c'est lui qui met les bouchées doubles au travail en restant un peu plus tard, la suivante, c'est vous ! Enfin, changez de boîte, si vous en avez l'occasion ! Question conciliation entre vie pro et vie perso, on avance, et certains employeurs parviennent même à dédramatiser les absences, à créer des crèches d'entreprise, à moduler les horaires, à organiser des jours en télétravail ou à lutter contre la réunion de fin de journée (rarement productive). Si vous avez le luxe de chercher à votre rythme, privilégiez les employeurs family friendly !

Faire des heures sup ? Non !
Et c'est la science qui le dit ! Les chercheurs de la City University of London ont compilé les données de 2 enquêtes européennes rassemblant plus de 51 000 salariés de 36 pays européens pour arriver à la conclusion qu'une grande quantité de travail et d'heures sup conduit au stress, à l'anxiété, à la dépression, voire au burn out, ce qui altère la qualité du travail et diminue donc les chances d'évolution dans la carrière. À bonne entendeuse…

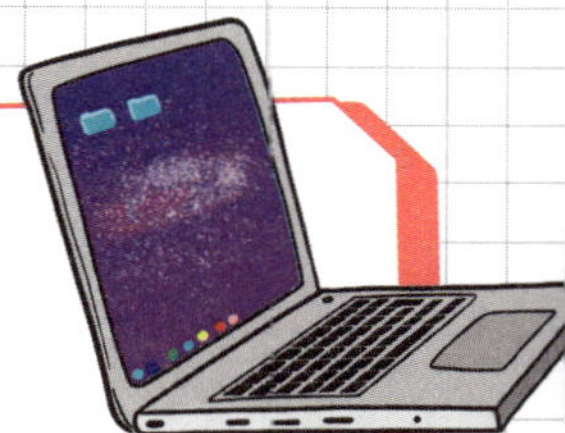

Je me crée un sas de décompression

Le problème

Une petite bulle de décompression entre le bureau et le retour à la maison ? Impossible tant votre emploi du temps est réglé à la minute près. Pourtant cette pause est importante pour créer une frontière entre vos deux univers, même si elle ne dure que 10 minutes !

La solution

Trouvez le rituel post-travail qui vous fait du bien ! Un brin de lecture ou une séance de méditation express dans les transports, un podcast feel good dans la voiture, une petite marche d'un quart d'heure… Prenez le temps de décompresser !
Une autre piste qui vous veut du bien : instaurer des temps en « mode avion », c'est-à-dire sans consulter votre Smartphone. Vous êtes rentrée, les enfants sont lavés, nourris et couchés : résistez à la tentation de consulter vos mails (ou de lancer WhatsApp, Snapchat ou Instagram) ! Ce sera difficile au début, mais salutaire ! Idéalement, tout le monde s'y colle : votre moitié, votre ado… S'il le faut, installez un panier à Smartphones dans lequel chacun posera son téléphone durant ce temps de déconnexion familiale.

Je prends du recul

Le problème

Vous voulez un job intéressant, épanouissant, être reconnue à votre juste valeur. Vous avez peut-être même fait de longues études et sacrifié durant plusieurs années votre vie perso pour cela… mais vous êtes aussi maman ! Difficile de concilier les deux sans avoir l'impression de sacrifier l'un ou l'autre, voire les deux, car à trop vouloir bien faire sur les deux fronts vous avez parfois le sentiment de ne réussir ni l'un ni l'autre.

La solution

Stop à la culpabilité : vous faites du mieux que vous pouvez ! Par ailleurs, prenez conscience qu'il y a toujours des petits arrangements, des priorités, des concessions à faire à un moment ou à un autre quand on travaille et qu'on a des enfants. L'équilibre entre vie pro et vie perso évolue au cours de la vie, rien n'est gravé dans le marbre !

Mes tutos pour planifier (et me libérer l'esprit)

Vous organiser alors que vous avez l'impression qu'avoir un tableau Excel dans votre tête en permanence est précisément la cause de votre charge mentale ? Certes… mais il y a planifier et planifier intelligemment pour dompter le temps au lieu d'en être l'otage ! De la to-do list efficace à l'agenda amélioré, le secret est de miser sur les bons outils.

Les 3 lois à garder en tête... pour ne pas être victime du temps !

1. La loi de Carson : faire un travail de façon continue prend moins de temps que de le faire en plusieurs fois. Moralité : évitez le multitasking !
2. La deuxième loi de Murphy : toute chose prend plus de temps qu'on ne l'avait prévu. Moralité : prévoyez toujours une petite marge !
3. La loi de Parkinson : plus on a de temps pour réaliser une tâche, plus on prend de temps. Moralité : arrêtez de procrastiner !

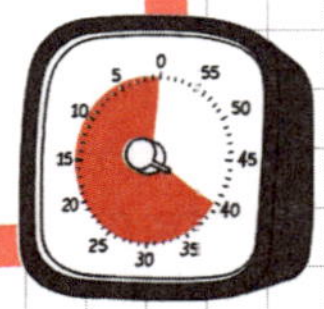

Un bullet journal pour m'organiser

Vous avez déjà sûrement un agenda ou un carnet de bord… Et si vous vous mettiez en mode « journaling » pour être encore plus efficace ?

Un bullet journal : à quoi ça sert ?

Au premier abord, il attire l'œil pour son côté créatif et arty. Il suffit de taper bullet journal sur Pinterest ou de suivre les #bulletjournal ou #bujo (son petit nom pour les intimes) sur Instagram pour vous en rendre compte. À la base cependant, le bujo est un outil d'organisation et de planification ultra-personnalisé qui permet, d'après son créateur, le designer américain Ryder Carroll, « de garder une trace du passé, d'organiser le présent et de planifier l'avenir ». C'est très poétique, tout cela, mais à quoi ça ressemble concrètement ? C'est tout simplement un carnet qui réunit votre agenda, vos to-do lists, vos notes…

Pourquoi ça allège la charge mentale ?

Le bujo permet d'avoir une vision d'ensemble à plus ou moins long terme de votre programme, et ainsi de mieux anticiper. Le système de keys vous incite à prioriser vos tâches, tandis que la fonction « migration » évite la procrastination. Autre atout : une croix devant une tâche effectuée, c'est aussi bon pour votre moral ! Enfin, le côté « carnet de bord » vous donne le sentiment de contrôler un peu mieux votre vie, d'avoir un outil pour vous guider, en termes d'obligations, d'envies et d'inspirations.

Vous vous arrachez (déjà) les cheveux ?
Pour vous lancer, vous pouvez consulter le tuto officiel (et rapide) sur www.bulletjournal.com. Il existe également une multitude de blogs sur le sujet, mais restez simple au début ! En mettant d'emblée la barre trop haut, vous risquez de perdre du temps et de passer à côté de l'objectif premier du bujo : être mieux organisée et trouver de l'inspiration au quotidien.

Mon pas-à-pas pour créer une feuille mensuelle de la famille

Le problème avec l'agenda ou un bullet journal, c'est que c'est VOTRE agenda. Or, pour que votre charge mentale soit allégée (et que vous n'ayez plus à entendre les sempiternels « j'savais

pas » ou « fallait m'le dire »), le planning familial doit être partagé. La solution : une feuille mensuelle à accrocher sur votre poste de commandement de la maison.

Pourquoi ça allège la charge mentale ?

Une information notée noir sur blanc, à la vue de tous et sur un support dédié, est une information censée être intégrée par toute la famille. Vous n'en êtes plus la seule gardienne, et ça libère l'esprit. Deuxième effet Kiss Cool : elle permet une meilleure répartition des tâches au sein du couple.

Le matériel qu'il vous faut : une feuille, un crayon, une règle pour tracer la trame de votre calendrier mensuel, sous forme de tableau, ou un modèle imprimable en ligne (tapez dans votre moteur de recherche « calendrier imprimable ») ou, mieux encore, un modèle à imprimer avec les rendez-vous fixes si vous êtes une pro d'Excel.

Votre pas-à-pas

- **Notez sur votre feuille mensuelle** les activités extrascolaires, les rendez-vous (pédiatre, dentiste, plombier…), les événements (goûter d'anniversaire, concert, invitation à dîner, week-end à la campagne, etc.).
- **Attribuez les tâches** avec un système de couleurs : qui amène au rendez-vous, qui achète le cadeau, qui reçoit le plombier ? C'est là la véritable plus-value de cette planification !
- **Responsabilisez vos enfants** en utilisant des pictos pour les activités extrascolaires, les grands événements (Noël, anniversaire, vacances…), une couleur pour chaque enfant et un système de punaises, d'aimants ou de stickers à placer sur la case du jour. Vous pouvez également les inviter à rayer chaque journée passée.

La solution 2.0
Pour faire circuler efficacement l'information avec votre moitié, n'hésitez pas à créer un agenda en ligne partagé et synchronisé, avec Google Agenda ou une appli comme Coorganiz, Family Calendar ou Planiklik (notamment). L'objectif : séduire votre geek(ette), éviter certaines tensions et alléger votre logistique au quotidien (moins de SMS, moins de rappels à envoyer…).

Le home planning

Non seulement les tâches ménagères ne contribuent pas vraiment à votre épanouissement personnel, mais elles reviennent, inexorablement, tel un boomerang domestique. Votre mot d'ordre pour pouvoir le rattraper au vol : définir d'abord la fréquence de ces tâches pour les planifier ensuite par jour, par semaine et par mois.

Pourquoi ça allège la charge mentale ?

Premier avantage de ce home planning : en mettant chaque tâche dans une case, vous évitez qu'elles vous polluent l'esprit inutilement. Décider que tel jour on nettoie à fond la salle de bains permet de ne pas y penser tout le temps. Deuxième avantage : il vous aide à dispatcher les corvées, et ainsi de vous libérer.

Votre pas-à-pas

Avant tout, identifiez la fréquence des tâches en vous basant au besoin sur ce tableau, mais veillez à l'adapter à votre style de vie. Pour pouvoir vous tenir à votre home planning, mieux vaut être réaliste.

Tous les jours	Toutes les semaines
• aérer la maison • donner un coup de balai dans la cuisine • vider le lave-vaisselle • faire les lits • ranger les affaires qui traînent • trier le courrier • donner un coup rapide sur le plan de travail de la cuisine • passer un coup rapide sur le lavabo • vider la poubelle • lancer une lessive + étendre le linge au besoin	• passer l'aspirateur • faire les sols • nettoyer la salle de bains et les WC • nettoyer la cuisine • changer les draps • changer les serviettes • faire le repassage • sortir les poubelles 
Une fois par mois	**Une ou deux fois par an**
• nettoyer le réfrigérateur • faire les carreaux • faire la poussière • nettoyer le four	• nettoyer la voiture (intérieur + extérieur) • laver les rideaux, les tapis… • ranger et trier les vêtements • tri + grand nettoyage de la cuisine (dessus des meubles, placards, tiroirs…) • tri + grand nettoyage de la salle de bains (dessus des meubles, placards, tiroirs…) • grand rangement du garage • tri des papiers administratifs

Ensuite, planifiez les tâches à la fréquence qui vous paraît bonne et, surtout, répartissez-les ! Vous, votre moitié, les enfants : tout le monde peut mettre la main à la pâte. Ils râlent ? Proposez à chacun de faire ce pour quoi il est particulièrement doué ou ce qui lui plaît. Votre chéri est un as d'Excel ? À lui, le budget familial ! Bien sûr, il restera toujours des tâches ingrates, comme vider les poubelles, mais ce sera déjà ça en moins sur votre to-do list. C'est aussi un petit exercice parfait pour travailler sur vous : en déléguant, vous luttez contre votre désir de (tout) contrôler et votre perfectionnisme ! Ce n'est pas fait comme vous le souhaitez ? Tant pis, au moins c'est fait !

Mes p'tits outils pour faire de mes to-do lists mes amies

Inutile de vous expliquer ce qu'est une to-do list, vous en avez partout sur votre bureau, le frigo, la porte d'entrée… et surtout dans votre tête ! Problème : il y a les listes longues comme le bras, celles qui vous enfoncent et vous dépriment, et les listes pensées intelligemment, qui au contraire vous aident efficacement et vous rendent fière de vous. Et c'est évidemment ces dernières qu'il va falloir potasser pour alléger votre charge mentale ! Mais comment ?

Je hiérarchise les priorités avec la matrice Eisenhower

Le problème avec vos to-do lists (enfin, à votre stade, on peut parler d'encyclopédies), c'est surtout que vous ne savez pas par quel bout les prendre ! La solution qu'il vous faut : la matrice Eisenhower. Cet outil d'analyse et de gestion du temps permet de classer les tâches en fonction de deux paramètres clés : leur urgence et leur importance. Il a été créé d'après le président américain et sa citation : « Ce qui est important est rarement urgent et ce qui est urgent, rarement important. » Le principe est simple : dispatcher chaque tâche dans l'une de ces quatre catégories…

Important mais pas urgent → Planifiez quand vous le faites	**Important et urgent** → Réalisez en priorité
Ni important ni urgent → Reportez ou annulez	**Urgent mais pas important** → Déléguez

Pourquoi ça allège la charge mentale ?

Ce petit travail de classement va forcément vous amener à réfléchir à vos priorités, à ce que vous pouvez confier à une autre personne, votre valeur ajoutée si c'est vous qui vous en chargez et les obligations que vous vous créez de votre plein gré (est-ce vraiment nécessaire d'apporter une tarte maison à la kermesse ?). Un pas de plus vers votre tranquillité d'esprit !

À vous de jouer !

De la visite chez le pédiatre aux courses en passant par la déclaration d'assurance pour les lunettes cassées, classez vos différentes tâches dans ce tableau, sans oublier de préciser le moment auquel vous les planifiez, la personne à qui vous les déléguez…

Important mais pas urgent : je planifie	Important et urgent : je fais en priorité
Ni important ni urgent : je reporte ou je zappe	**Urgent mais pas important : je délègue**

Je limite ma to-do list avec la Ivy Lee Method

Une fois ce travail de priorisation effectué, reste à vous occuper de l'« important et urgent ». Bonne nouvelle, il existe là encore un petit outil rien que pour vous ou presque ! Ivy Lee, consultant en productivité dans les années 1920 avait pensé, il y a cent ans déjà, une méthode au top pour organiser vos to-do lists en 5 étapes. C'est le moment de lui piquer !

- À la fin de la journée, notez les 6 tâches (moins si possible, jamais plus) les plus importantes que vous devrez accomplir le lendemain.
- Priorisez ces tâches en fonction de leur importance et non de leur facilité. Ainsi, vous gardez la tâche la plus simple pour la fin, sauf bien sûr si la tâche la plus importante est aussi la plus facile !
- Le lendemain matin, prenez votre to-do list et attelez-vous à la première tâche. Concentrez-vous uniquement sur celle-ci et ne passez pas à une autre tant qu'elle n'est pas finie. Vous pouvez alors passer à la deuxième tâche, et ainsi de suite.
- À la fin de la journée, créez une nouvelle liste pour le lendemain, en incluant les tâches non effectuées dans la journée.
- Répétez ces étapes chaque jour.

Pourquoi ça allège ma charge mentale ?

En faisant ce petit travail de tri la veille au soir, vous visualisez mieux votre journée du lendemain. En vous centrant sur vos 6 tâches à accomplir, vous renforcez votre capacité de concentration et êtes plus à même de toutes les réaliser. C'est le début d'un cercle vertueux : avec une to-do list réaliste et réalisable, vous pourrez enfin en voir la fin, avoir le sentiment du travail accompli tous les soirs… et une meilleure estime de vous au passage ! Un peu renforcement positif ne peut que vous faire du bien !

3 erreurs à éviter en réalisant vos to-do lists

- ✘ Mal estimer le temps nécessaire pour une tâche. Rappelez-vous, la loi de Murphy !
- ✘ Oublier de prévoir une marge « imprévus ». La vie est faite d'imprévus, c'est comme ça.
- ✘ Ne pas prendre en compte vos baisses d'énergie. La productivité baisse au fil de la journée, c'est physiologique. Vous ne pouvez pas être au taquet du matin au soir (et non, le café n'est pas une solution…).

Oui mais…

« Je n'arrive pas à hiérarchiser mes priorités… tout est important, sinon ma famille part en vrille ! » Prioriser, c'est faire des choix, et faire des choix, c'est difficile ! Les tâches à effectuer vous semblent toutes indispensables, mais en réalité elles ne le sont pas. Cela dépend en grande partie d'où vous placez la barre, en d'autres termes de votre degré de perfectionnisme, mais aussi de lâcher-prise. **Pour vous aider à hiérarchiser vos tâches, posez-vous pour chacune d'elles ces questions :**

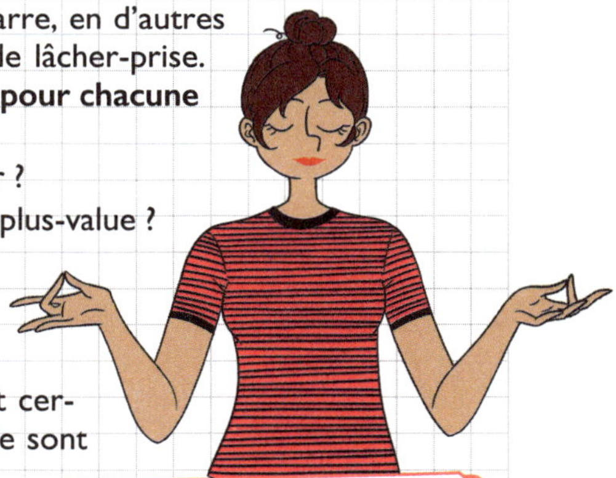

- Si je ne la fais pas tout de suite, que va-t-il m'arriver ?
- Si, au contraire, je la fais immédiatement, quelle est la plus-value ?
- Si je ne la fais pas du tout, est-ce que le monde va s'écrouler ?
- Suis-je vraiment la seule personne à pouvoir la faire ?

Vous pouvez également faire des petits tests en zappant certaines tâches qui vous semblent indispensables mais ne le sont peut-être pas tant que ça, comme repasser les tee-shirts des enfants, aller à la réunion d'école du début d'année… Vous devrez vous faire un peu violence au début, mais vos enfants seront-ils moins satisfaits de leur tenue ? La maîtresse vous mettra-t-elle un mot dans le cahier ? Non, mais vous, vous vous sentirez un peu plus légère !

Changer d'avis, c'est se compliquer la vie !
Une fois votre choix fait, votre liste des priorités établie, ne revenez pas dessus ! Ce choix n'est peut-être pas parfait, mais il a le mérite d'avoir été fait. Et, pour les décisions difficiles à prendre, comme la prochaine destination des vacances, le papier peint derrière la tête de lit ou le faire-part de naissance, imposez-vous un délai, sinon vous vous y perdrez !

Je m'offre une did-list !

La to-do list, c'est bien, la did list, c'est encore mieux… pour le moral ! Ce récap de tout ce que vous avez fait dans la journée vous permet de vous rendre compte objectivement de toutes les tâches effectuées et de vous en féliciter. Il n'y a pas de mal à vous jeter des fleurs ! Dans un second temps, et c'est là la tâche la plus ardue, mais la plus constructive, l'idée est de consulter cette did list avec votre +1 pour faire le point.

Pourquoi ça allège la charge mentale ?

Primo : en partageant votre did list, votre moitié se rendra compte de toutes ces petites choses que vous gérez au quotidien. Secundo : cette did list peut être l'occasion de revoir l'attribution des différentes tâches au sein de votre couple : plus de « Fallait le demander » comme excuse…

Et pourquoi pas une good list ?

Dans le même esprit, vous pouvez appliquer l'une des méthodes de Shawn Achor, grande figure du positive thinking et auteur de *Comment devenir un optimiste contagieux* (Pocket, 2015). Pendant 21 jours, listez quotidiennement 3 événements sources de satisfaction. Ce petit entraînement quotidien vous aidera à voir la vie de façon plus positive, à redorer par vous-même votre blason, un point essentiel dans la croisade contre la charge mentale. « Aujourd'hui, Maxence a effectué toute sa routine du matin sans aucune aide et sans rechigner » ; « Cette année j'ai rempli tous les papiers de la rentrée en une soirée » ; « Aujourd'hui, j'ai pu aller à mon cours de zumba sans culpabiliser »… : autant de petites victoires personnelles !

La routine, c'est pas (forcément) la déprime !

La routine… Rien qu'en prononçant le mot, vous avez envie de piquer un petit somme ! Pourtant, ce que vous envisagez peut-être comme un carcan à votre épanouissement personnel peut en réalité être un précieux atout dans votre organisation quotidienne !

5 petits miracles de la routine contre la charge mentale !

Vous avez tourné et retourné la question dans tous les sens, mais rien à faire : vous ne voyez pas comment le fait d'être plan-plan peut vous faire gagner du temps. Voici 5 arguments qui pourraient bien vous convaincre du contraire !

1. La routine est une arme anti-procrastination ! Ritualiser les actes du quotidien est le moyen le plus efficace pour les réaliser en temps et en heure. Quand un acte devient une habitude, c'est gagné !
2. La routine permet de gagner en efficacité et en temps ! Lorsque vous faites quelque chose par habitude, vous prenez moins de temps à le faire et vous vous posez moins de questions. Systématiser = simplifier !
3. Dans un quotidien qui va à 100 à l'heure, elle vous permet d'avoir un peu plus de contrôle sur le cours de la journée. Et ça, ça rassure !
4. Au sein du couple, la routine permet de maintenir le lien amoureux. Hé oui ! On ne parle pas de la routine du quotidien, mais de ces petits rituels à deux que vous préservez malgré un emploi du temps familial chargé : regarder le dernier épisode de votre série du moment pelotonnés sous la couette, boire un café ou un petit verre en amoureux quand les enfants sont (oh, miracle) invités à un anniversaire ou, mieux, à une pyjama party…
5. Côté santé, des horaires de repas cadencés et des heures de lever et de coucher régulières sont essentiels à l'organisme. Mû par une horloge interne complexe (la chronobiologie), votre corps aime la régularité. C'est ainsi qu'il récupère le mieux, profite au maximum des nutriments que vous lui apportez et améliore sa résistance aux microbes et au stress.

Mes routines perso

Des routines du soir et du matin ? C'est sûr, vous en avez, que vous les ayez mises en place de façon consciente ou non, mais elles peuvent sûrement être améliorées ! C'est donc le moment de vous poser et de faire un petit bilan !

Ma routine du matin actuelle

Heure de lever	Mes petites habitudes	Heure de départ
....	....	....
....	....	....
....	....	....

Les questions à me poser

- Cette routine est-elle satisfaisante ?
- Me rend-elle sereine ou me stresse-t-elle dès le matin ?
- Suis-je parfois en retard ?
- Comment l'améliorer ?

- Y a-t-il des choses à ajouter et/ou à retirer pour gagner du temps… et du plaisir ?

Ma routine du matin améliorée

Heure de lever	Mes (nouvelles) petites habitudes	Heure de départ
....	....	....
....	....	....
....	....	....

Une alternative (si vous avez la foi !) : le miracle morning

Grignoter une heure de son (précieux) sommeil alors que vous vous sentez déjà épuisée ? L'idée peut paraître saugrenue, voire totalement cruelle ! C'est pourtant le principe du *miracle morning*, qui consiste à se lever très tôt afin de s'accorder un créneau de qualité entièrement pour soi avant de commencer sa journée. Au programme, au choix et selon les envies, yoga, respiration consciente, méditation, running, écriture, lecture…

Le miracle morning, c'est fait pour vous ? Si c'est au prix d'une heure de sommeil en moins, non ! En cas de charge mentale, le sommeil est vital. C'est peut-être même votre dernière soupape de décompression avant que la cocotte-minute n'explose ! En revanche, si vous vous couchez une heure plus tôt pour faire votre miracle morning tout en préservant votre quota de sommeil, et si ce petit moment à vous apporte vraiment du bien-être, pourquoi pas ? Une autre piste : l'adopter en version abrégée ! N'hésitez pas à introduire un rituel matinal « good mood » afin de commencer la journée avec le sourire sans avoir (déjà) l'impression de la subir. À vous de choisir : un café tranquille en regardant par la fenêtre, une chanson, un mantra positif à écrire sur le tableau de bord familial…

Ma routine du soir actuelle

Heure de retour du boulot	Mes petites habitudes	Heure de coucher
....	....	....
....	....	....
....	....	....

Les questions à me poser

- Cette routine est-elle satisfaisante ?
- Est-ce que je passe des soirées agréables ?
- Comment l'améliorer ?
- Y a-t-il des choses à ajouter et/ou à retirer pour gagner du temps le soir, mais aussi le lendemain matin, et des moments de qualité avec mes enfants et ma moitié ?

Ma routine du soir améliorée

Heure de retour du boulot	Mes petites habitudes	Heure de coucher
....	....	....
....	....	....
....	....	....

Quelques astuces pour des routines plus efficaces

✔ Vérifiez les devoirs, le cartable, signez le cahier et préparez le goûter du lendemain dans la foulée !
✔ Préparez votre tenue et celle des enfants, ainsi que le sac pour les activités extrascolaires la veille au soir ou, pour aller encore plus loin, toutes les tenues du lundi au vendredi !
✔ Sortez, la veille aussi, le nécessaire pour le petit déjeuner, préparez la cafetière pour le lendemain.
✔ Invitez chaque membre de la famille à ranger son bol et à nettoyer sa place du petit déj' (c'est le minimum syndical) !
✔ Établissez votre to-do list du lendemain le soir !
✔ N'oubliez pas les rituels fun : un plateau télé du vendredi soir, une séance de câlins pré-dodo, une petite balade du dimanche en forêt… En un mot, un temps de qualité en famille !

Les routines des enfants

Mettre ses vêtements au sale le soir, donner à manger au chat à tour de rôle, ranger sa chambre une fois par semaine… Les routines ont tout bon pour vos enfants : elles leur permettent de gagner en autonomie et en sécurité, leur inculquent la notion du temps, les motivent à apprendre à lire l'heure. Pour vous aussi, c'est tout bénef : plus d'autonomie de leur côté = moins de choses à faire du vôtre ! Moins de cris(es), aussi, car avec la routine, pas de relation d'opposition parent-enfant : c'est le rituel qui fait autorité !

À partir de quel âge introduire une routine ?

Dès les premières semaines de vie ! Jusqu'à ses deux ans, votre enfant est dans ce que Maria Montessori nomme la « période sensible de l'ordre ». L'ordre des choses et la régularité le sécurisent et l'aident à grandir. On escalade plus facilement une montagne lorsqu'on est assuré ! Puis, en fonction de son développement psychomoteur, demandez-lui de faire des petites choses adaptées à son âge, comme ranger ses chaussures (dès 18 mois), débarrasser son assiette (à partir de 3 ans)… Il n'est jamais trop tôt pour commencer !

Les 4 trucs pour qu'une routine devienne vraiment une routine !

Un travail d'équipe

La routine ne doit pas être sortie de votre chapeau et imposée sans explication ! Cela risque d'avoir l'effet inverse de celui escompté : la guerre tous les matins pour faire respecter cette liste de « corvées ». À l'instar des règles et des limites, votre enfant doit en comprendre l'intérêt pour les intégrer, et pour les appliquer. Concrètement, choisissez une période clé (la rentrée, le début d'année…), asseyez-vous avec votre enfant et prenez une feuille. C'est le moment parfait pour utiliser l'un des outils phares de la discipline positive : la « question de curiosité ». La marche à suivre ? Demandez-lui par exemple : « Que dois-tu faire chaque matin avant de partir à l'école ? » À lui de lister les différentes actions : se lever, s'habiller, prendre son petit déjeuner, se laver les dents. Discutez avec lui de l'ordre le plus logique pour réaliser tout cela. Il veut avoir 15 minutes pour jouer ? Soit, mais à lui de voir comment intégrer ce temps de jeu : en se levant plus tôt, en prenant moins de temps pour déjeuner…

Des variables à ajuster

La routine n'est pas gravée dans le marbre. Elle peut bouger, s'ajuster au fil de l'expérience et des nouvelles compétences de votre enfant. Un quart d'heure, ce n'est pas assez pour que Rose petit-déjeune tranquillement ? Ajoutez 5 minutes ! Après quelques mois à touiller dans ses ChocoPops en ratant sa bouche et en tachant ses habits, elle mange maintenant en un tour de main ? Revoyez le temps imparti au p'tit déj' à 10 min ! Régulièrement, discutez de leurs routines avec vos enfants et, dès qu'ils en sont capables, ajoutez-y « préparer mon petit déjeuner », « faire le lit », « aérer la chambre », « mettre mes vêtements dans le panier à linge sale »…

Des pièges à éviter

La tentation de la carotte est grande pour imposer la routine, mais introduire la notion de récompense, c'est hors sujet ! L'enfant doit respecter la routine parce que c'est la routine, point à la ligne. Autre erreur à ne pas commettre : modifier la routine de vos enfants au gré de vos envies ou de vos besoins, même si parfois ça serait bien pratique. Il faut être co-hé-rent !

Des visuels pour que ça passe mieux !

Avec des dessins (surtout quand l'enfant ne sait pas lire), des pictos, des couleurs, des petites horloges ou même des photos, la routine passera toujours mieux auprès de votre petit. En participant à la réalisation d'un DIY, il se sentira d'autant plus investi… et prompt à respecter cette routine. Il existe sur le Net une multitude d'images et de pictos à imprimer (www.femmesdebordees.fr, https://petiteschassesautresor.com…), un plateau de jeu (http://papapositive.fr), et vous trouverez dans le commerce des calendriers personnalisables avec des aimants (Ouikili, par exemple).

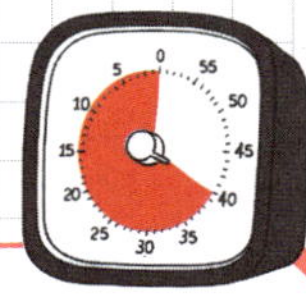

L'objet magique : le minuteur

Le minuteur permet à votre enfant de gérer comme un grand ses 20 minutes pour s'habiller, se débarbouiller et se laver les dents. L'utilisation de ce petit objet permet aussi de « transférer » l'autorité, et ainsi d'éviter certaines tensions. Le temps est écoulé, ce n'est pas vous qui le dites… C'est monsieur le minuteur !

Leur routine du matin actuelle

Heure de lever	Ce qu'ils font seuls	Heure de départ
…………………	…………………………………………………………	…………………
…………………	…………………………………………………………	…………………
…………………	…………………………………………………………	…………………

Les questions à vous poser

- Cette routine est-elle satisfaisante pour toute la famille ?
- Quels sont les actes les plus « sensibles » (c'est-à-dire pour lesquels la tension monte le plus souvent) ?
- Comment les éviter ?
- Les enfants sont-ils prêts à l'heure ?
- Comment gagner quelques minutes ?
- Que pourraient-ils faire seuls de plus ?
- Quels aménagements cela demande-t-il ?

Leur routine du matin améliorée

Heure de lever	Ce qu'ils font seuls	Heure de départ
…………………	…………………………………………………………	…………………
…………………	…………………………………………………………	…………………
…………………	…………………………………………………………	…………………

Leur routine du soir actuelle

Heure d'arrivée à la maison	Déroulement de leur soirée	Heure de coucher
....	....	....
....	....	....
....	....	....

Les questions à se poser

- Cette routine est-elle satisfaisante pour toute la famille ?
- Quels sont les actes les plus « sensibles » ?
- Comment éviter ces tensions ?
- Que pourraient-ils faire seuls de plus ?
- Quels aménagements cela demanderait-il ?
- Avons-nous assez de temps de qualité ensemble après une journée de séparation ?
- Comment instaurer, allonger ou améliorer ce temps de qualité ?
- Comment gagner quelques minutes pour le lendemain matin ?

Leur routine du soir améliorée

Heure d'arrivée à la maison	Déroulement de leur soirée	Heure de coucher
....	....	....
....	....	....
....	....	....

Mon programme pour des repas zéro charge mentale !

Mais qu'est-ce que ça mange, ces petites bêtes ! Avouez-le : vous vous faites régulièrement la réflexion. Et, ce qui est pénible avec les repas, c'est qu'ils reviennent tous les jours. Votre objectif, comme pour la journée, rationaliser, établir une routine et prévoir, quand c'est possible évidemment !

Je m'inspire de la cantine !

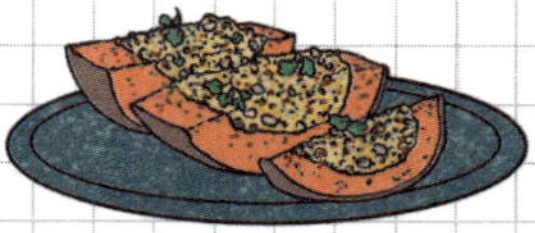

Ah ! La macédoine de légumes, les salsifis, les endives au jambon de la cantoche : que de souvenirs… moyennement bons !

Mais, aussi peu gastronomique qu'elle ait été, la cantine de votre enfance avait un avantage qui peut aujourd'hui faire toute la différence pour lutter contre votre charge mentale : elle était ultra-organisée !

Pourquoi la cantine (et surtout ses menus) a tout bon ?

Tentez donc de vous en inspirer, en commençant par mettre en place des menus hebdomadaires. Vous avez tout à y gagner…

→ **La santé :** l'organisation est la clé d'une alimentation équilibrée. En établissant des menus, vous retrouverez le plaisir de cuisiner des aliments bruts et limiterez ainsi les produits transformés et leur liste d'ingrédients longue comme le bras. Même affublés d'un Nutri-Score A, ils sont loin d'être la panacée pour la santé (mais ça, c'est un autre sujet…).

→ **Du temps :** le soir, en semaine, plus la peine de paniquer parce que vous êtes en manque d'idées, plus la peine de sortir le paquet de coquillettes de secours !

→ **De l'argent :** finis le gâchis, l'achat de plats tout prêts ou la livraison d'une pizza au pied levé ! Retrouvez le plaisir de cuisiner et économisez au passage. Banco !

→ **De la sérénité :** disparu, le sempiternel « Qu'est-ce qu'on mange ce soir ? » !

Oui mais…

« Et qui va se farcir les menus ? C'est moi ? » Vu comme ça, en effet, c'est un poids de plus à porter, mais la réalisation des menus peut se passer en famille, enfants compris. Après tout, tout le monde mange, non ? Au fil du temps, ce moment peut même devenir un agréable rituel familial.

7 règles d'or pour vous lancer les yeux fermés (ou presque)

- **Tablez sur quelques recettes favorites,** c'est-à-dire ces recettes qui plaisent à tout le monde et qui sont rapides à préparer le soir.
- **Testez-en 1 ou 2 nouvelles par semaine,** le week-end par exemple, afin d'enrichir progressivement votre carnet de recettes.
- **Tournez avec 2-3 semaines de menus** si vous manquez d'inspiration au début. Petit à petit, vous étofferez votre carnet de bord alimentaire. Et pas question de culpabiliser sur le mode « Ils ont déjà mangé une quiche la semaine dernière » ou « Ils ne s'éveillent pas assez au goût ! » si les repas de vos enfants ne sont pas assez variés. Ils mangent bien, vous gérez : c'est l'essentiel !

- **Établissez un canevas avec des repas types :** lundi, une quiche ; mardi, une salade composée ; mercredi soir, un plat de pâtes ; jeudi soir, une omelette améliorée avec une belle salade verte ou une dînette de restes si nécessaire.
- **Instaurez 1 ou 2 « repas rituels » par semaine.** Les enfants adorent… et c'est pour vous un repas de fixé en plus ! Par exemple : le vendredi soir, tentez la pizza pour décompresser de la semaine ; le dimanche midi, mettez au menu le poulet rôti-frites !
- **Prévoyez une part supplémentaire pour votre repas du midi** si vous devez ou voulez apporter un bento au travail. Plus économique et plus sain que le sandwich du Monop' !
- Lorsque le plat s'y prête, **cuisinez-le en double pour en congeler la moitié.** Et hop, un repas de secours de fait !

Je rationalise les courses !

Un planning de menus bien ficelé ne sert à rien sans sa liste de courses associée. La preuve ? Vous retrouver au menu du soir avec des spaghettis bolo mais pas de sauce tomate, c'est ballot ! Pour éviter ces petits incidents de parcours, qui viennent alourdir votre charge mentale, remplissez systématiquement vos menus hebdomadaires et préparez…

→ **Votre liste de courses :** pour gagner du temps quand vous serez au (super) marché, organisez votre liste par type d'aliments ou par rayon. N'oubliez pas qu'avoir une seule liste de courses, bien organisée et complète, permet aussi de déléguer les yeux fermés… ou presque ! Certes, votre homme choisira peut-être la pâte feuilletée lambda plutôt que la bio, mais faites-lui confiance et lâchez prise !

→ **Votre panier sur le drive :** c'est là encore du temps gagné ! Vous pouvez également pousser le vice en enregistrant différents paniers de courses en fonction des menus de la semaine !

À vous de jouer !

Basez-vous sur le modèle ci-dessus pour préparer votre liste ultra-efficace !

Liste de courses

- Fruits et légumes
- Viande, poisson
- Épicerie, conserves
- Petit déjeuner
- Laitages
- Boissons
- Surgelés
- Hygiène maison
- Autres

Ma liste sur appli

Pour éviter les oublis et les doublons sur votre liste, téléchargez une appli comme Bring, Out of Milk, PlanCourses ou Prixing !

Je me mets au batch cooking !

Vous n'avez jamais entendu parler du *batch cooking* ? C'est la méthode qu'il vous faut pour avoir l'esprit (presque) libre toute la semaine !

Le batch cooking, quèsaco ?

Le principe de la « cuisine en série » (*batch* signifiant « lot », « série ») ? Durant une grosse séance de cuisine hebdomadaire (le dimanche en général), vous préparez différents éléments de base – céréales, légumes, viande, une béchamel… – de façon assez simple. Soigneusement conservés au réfrigérateur, vous les assemblez ensuite au fil des jours dans différents plats avec un minimum de préparation et l'ajout de quelques éléments ici et là. Ainsi, le kilo de champignons prend vie le lundi soir dans une belle omelette, le mardi midi dans votre buddha bowl du bureau et le mercredi aux côtés d'une escalope de poulet à la crème. Op-ti-mi-sa-tion des ressources !

Pourquoi le batch cooking a tout bon ?

À vue de nez, l'exercice semble plutôt galère ! En effet, il faut prévoir les menus en jonglant entre les différents ingrédients, préparer votre liste de courses sans rien oublier, puis passer un (bon) moment en cuisine. Pourtant, avec un peu de pratique, c'est tout bénef ! Non seulement vous éviterez les prises de chou à l'heure du dîner, mais le batch cooking est une pratique écolo qui donnera le bon exemple à vos enfants. Vous utiliserez entièrement les aliments (moins de déchets), n'aurez plus de restes (moins de gaspillage) et, avec un peu de pratique, vous parviendrez même à optimiser l'utilisation des plaques et du four pour faire baisser la note d'électricité (vous aurez donc une empreinte écologique allégée) !

À vous de jouer !

Lancez-vous en piochant des idées dans les réseaux sociaux avec le #mealprep ou en vous basant sur le menu type en page suivante !

Ma liste de courses

- 1 kg de carottes
- 1 chou-fleur
- 3 patates douces
- 1 salade
- 1 citron
- 2 avocats
- roquette
- tomates cerises
- herbes fraîches
- fromage frais
- yaourt brassé
- 12 œufs
- 4 blancs de poulet fermiers
- 1 boîte de pois chiches
- Mon fond de placard healthy : huile d'olive, huile de colza, huile de sésame, miel, épices, graines de courge, graines de sésame

Le dimanche, je prépare

- des carottes et du chou-fleur rôtis au four
- des dés de patate douce (à la vapeur ou à l'eau)
- des blancs de poulet pochés
- une belle salade verte épluchée
- une béchamel
- du quinoa
- des pâtes
- des œufs durs
- du tahin

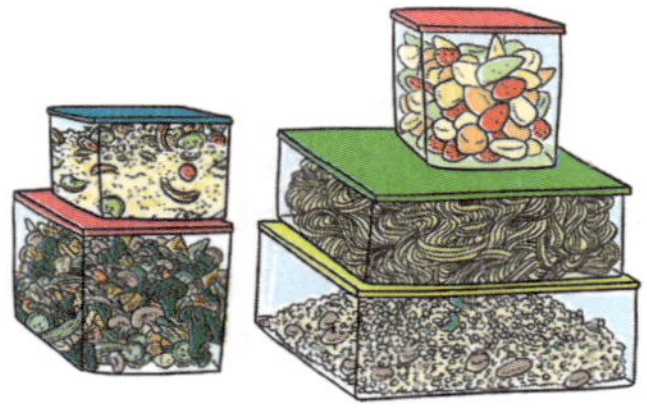

Lundi midi	Mardi midi	Mercredi midi	Jeudi midi	Vendredi midi
salade composée : quinoa, patate douce, poulet, sauce yaourt-tahin 	buddha bowl d'hiver : pois chiches, carotte, chou-fleur, champignons, œuf dur, avocat, tahin 	wrap de poulet, carottes, roquette	salade composée : pâtes, œuf dur, tomates cerises, roquette	libre

Lundi soir	Mardi soir	Mercredi soir	Jeudi soir	Vendredi soir
galette de légumes : patate douce, carotte et chou-fleur, fromage frais, œuf, fines herbes salade verte 	omelette aux champignons, fromages frais et fines herbes salade verte	gratin de pâtes, champignon, béchamel et fromage râpé salade verte 	poêlée de quinoa aux légumes d'hiver (carotte, chou-fleur, patate douce) et aux graines de courge salade de roquette	Soirée pizza

Chapitre 4

Je gère tous les événements

À la maison, c'est comme au travail, il y a des périodes de rush, de charrette, de nez dans le guidon… Bref, des périodes où l'on a (encore) plus de choses à gérer que d'habitude. Rentrée, vacances, fêtes : tous les ans, c'est la même chose et vous vous dites que, l'an prochain, vous vous organiserez mieux. Allez, le changement, c'est maintenant, avec ces quelques programmes pour parer aux différents challenges familiaux.

Mon programme pour une rentrée zéro stress

De nouveaux emplois du temps, des activités extrascolaires en veux-tu en voilà, une longue liste de tâches et l'angoisse de l'inconnu (de la nouvelle école, nouvelle classe, nouvelle maîtresse) à gérer : la rentrée est le moment de l'année où toutes les forces logistiques et émotionnelles doivent être au taquet. Ça mérite bien un rétroplanning de pro !

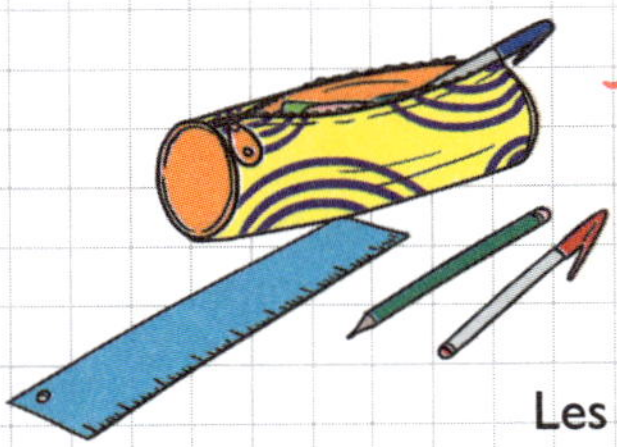

Ma problématique

Entre les fournitures à acheter, les papiers à remplir, les garde-robes à renouveler et l'inscription aux activités, la rentrée vous fait trembler ! À peine reposée après les vacances d'été, vous replongez illico et puissance 10 dans le grand bain du quotidien. Les prochaines vacances, c'est quand ?

Mon plan d'attaque

Ce qu'il y a de positif dans la rentrée, c'est qu'elle suit peu ou prou tous les ans le même schéma. Pas trop de surprises avec l'Éducation nationale ! Donc, une fois n'est pas coutume, vous pouvez PLA-NI-FIER !

M – 2 (juin-juillet)

- Après avoir procédé à un grand tri des œuvres de l'année, rangez dessins, cahiers, classeurs de l'année scolaire écoulée dans un carton, par exemple estampillé « année scolaire 2018-2019 – Mina ». Faites le tri dans les trousses et les cartables pour ne garder que ce qui peut être réutilisé.

- Si l'on vous a déjà distribué la liste des fournitures scolaires, classez-la directement dans une nouvelle pochette, par exemple notée « Rentrée 2020 ». Idem pour tous les autres documents éventuellement fournis à la fin de l'année.
- Lorsque c'est possible, inscrivez ou renouvelez l'inscription de votre enfant à son activité extrascolaire. Certains clubs ou associations le proposent dès le mois de juin.
- Profitez des vacances pour caler un rendez-vous chez le docteur. Au programme : vérification des vaccins, rappels si nécessaire, pesée, taille et certificats médicaux pour les activités sportives. Une fois rentrés à la maison, scannez la page des vaccins mis à jour.

M – 1 (août)

- Même si vos médecins sont en vacances, prenez vos rendez-vous annuels en avance : gynécologue, dentiste, ophtalmologue, dermatologue… Les plateformes de rendez-vous en ligne (www.doctolib.fr, par exemple) vous permettront de ne pas avoir à attendre des mois quand tout le monde se réveillera en septembre.
- Si vous n'avez pas acheté les photos d'identité de la photo de classe (pas toujours top, avec leur fond « ciel bleu nuageux » totalement eighties), faites une petite séance au photomaton.
- Attaquez-vous aux fournitures scolaires ! Si vous vous y prenez trop tôt, tout ne sera pas en rayon. Si vous vous y prenez trop tard, il risque de ne plus y avoir beaucoup de choix. La bonne stratégie : achetez les cahiers, les classeurs et autres fournitures de base sur Internet, et laissez votre enfant choisir en magasin (ou sur le Net) 2 ou 3 fournitures plaisir (son cahier de textes ou son agenda, sa trousse, une pochette cartonnée…). Certains magasins s'occupent même de tout : vous envoyez la liste des fournitures, vous précisez la couleur préférée de votre enfant, et vous recevez tout à la maison. Débusquez vite la perle rare près de chez vous !

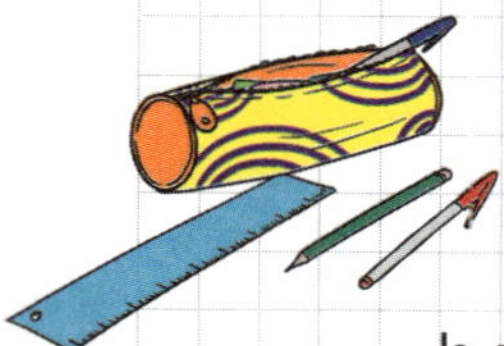

- Profitez des promos de la rentrée pour vous constituer un stock des fournitures à renouveler tout au long de l'année : bâtons de colle (qui s'épuisent si vite que c'en est un mystère), crayons noirs, feutres ardoise, recharges de stylo effaçable…
- Faites un grand tri dans l'armoire des enfants pour repartir sur de bonnes bases vestimentaires : vendez, donnez ou stockez pour la petite sœur les vêtements trop petits. Jetez ou mettez au recyclage les sous-vêtements, les chaussettes et les vêtements usés.
- Commandez des étiquettes avec le nom de votre enfant pour marquer ses affaires, et ainsi éviter de perdre un énième sweat ou, pire, le doudou !
- Si c'est une année de « grande » rentrée (comprenez 1re année de maternelle ou CP), faites un petit tour à la bibliothèque ou à la librairie pour prendre quelques livres d'enfants sur le sujet. Leur lecture le soir permettra de le préparer à ce grand changement, et ainsi de le (et peut-être de vous) rassurer !

J – 7

- Une semaine avant la rentrée, fini le free style de l'été. Reprenez en famille les bonnes habitudes avec des horaires de coucher et de lever fixes et raisonnables.
- Les attestations pour l'assurance scolaire et la responsabilité civile arrivent dans votre boîte mail ou dans la boîte à lettres. Enregistrez-les sur le bureau dans un dossier nommé « Administratif » ou « École », imprimez-les et classez-les dans la pochette.
- Organisez un conseil de famille « spécial rentrée ». Avec votre +1, mettez-vous d'accord sur qui amène qui, qui va chercher qui et à quelle heure, regardez ensemble vos congés, réfléchissez en amont à quelques solutions de secours (grands-parents, télétravail, jour « enfant malade ») en cas de maladie, de grève de cantine et autres imprévus. Avec vos enfants, faites le point sur les routines du matin et du soir.
- Si la rentrée a lieu dans un nouvel endroit, faites avec votre enfant le trajet vers cette crèche, cette école maternelle ou primaire en conditions réelles (à pied, en voiture, à vélo ou en transport en commun) pour vous familiariser, mais aussi pour minuter et organiser au mieux votre planning du matin et du soir.
- Faites avec votre enfant son cartable ainsi qu'un dernier point sur les fournitures.

La veille au soir

- Préparez avec votre enfant sa tenue du lendemain et, s'il goûte à l'école, son goûter.
- Revoyez avec lui une dernière fois la routine du matin.
- Vérifiez l'alarme de votre réveil.
- Préparez la table du petit déjeuner. Ce seront toujours quelques minutes de gagnées !

Jour J

- Si possible, posez votre journée pour être moins stressée et avoir un peu de marge niveau temps. Vous n'en serez que plus sereine, et cette aura de zénitude se propagera à toute votre famille !
- Dès le premier soir, remplissez – à deux, ce sera moins long, surtout si vous avez plusieurs enfants – tous les papiers à la chaîne. Pour cela, ressortez la pochette rentrée, la fiche mémo contact (pour l'adresse et le téléphone du médecin traitant, des grands-parents susceptibles de venir chercher les enfants à l'école…).
- Faites les réservations pour la cantine et/ou la garderie à l'année si votre planning et le mode de réservation le permettent.
- Si vous avez le temps et si vous êtes courageuse, attelez-vous à la corvée de couverture des livres. Adoptez les feuilles prédécoupées, ultra-pratiques. Même les enfants peuvent s'y coller !

J + 7

- Après cette première semaine de rentrée, faites le point en famille sur les routines et l'organisation, les éventuels ratés et les points à améliorer, mais aussi les points positifs et les petites réussites, et félicitez-vous !
- Selon les lieux, les clubs et les associations, les inscriptions aux activités peuvent n'avoir lieu qu'en septembre. Certaines communes organisent même à la rentrée un forum des associations. Allez-y en famille, faites un cours d'essai si nécessaire, checkez vos emplois du temps pour voir si les horaires collent (le cas échéant, trouvez une solution durable), puis remplissez les dossiers sans tarder. Dès le début des activités, essayez de vous arranger avec un ou plusieurs parents pour faire le taxi : l'un fait l'aller, l'autre le retour…
- Choisissez également VOTRE activité, celle qui vous fait plaisir et vous permettra de décompresser. Vous la méritez autant que vos enfants !
- Si l'idée vous effleure – et c'est tout à votre honneur – de vous présenter en tant que parent d'élève, réfléchissez bien avant de vous lancer : pourrez-vous aller aux différentes réunions (au moins une à chaque trimestre) ? Dans quelle mesure pourrez-vous vous engager ?

Mon programme pour survivre à juin, aka le mois de toutes les festivités

C'est bientôt les vacances, mais ce n'est pas le moment de relâcher l'attention, et encore moins l'organisation ! Pour vraiment mériter votre pause estivale, vous devez encore affronter le mois de juin, souvent bien chargé !

Ma problématique

Juin, l'été, les nu-pieds, les verres de rosé… mais aussi les kermesses (et les gâteaux qui vont avec), les galas de danse (et les répètes qui vont avec), les sorties scolaires et parfois un anniv' à caser car impossible de le fêter durant l'été… bref, juin, c'est le mois de tous les dangers côté charge mentale !

Mon plan d'attaque

Simplifiez-vous la vie : c'est le seul credo qui vaille en cette période estivale. Comme votre garde-robe, allégez au maximum le quotidien et, doucement mais sûrement, mettez-vous au tempo estival.

1. Au boulot, je soigne ma réunionite !

Au bureau, allégez votre planning… si possible. Certes, n'est pas toujours évident ! Dans tous les cas, dès que les dates de spectacle de fin d'année, kermesses and co, sont connues, bloquez-les dans votre agenda : pas de réunion à 16 heures ces jours-là !

2. À la maison, ambiance « mom vs wild » !

Qui dit juin dit sorties scolaires. Votre mission ? Vous mettre en mode « seule face à la nature », en ayant toujours vos kits de survie dans vos placards : petites bouteilles d'eau (ou, plus écolo, des gourdes qui ferment bien), wraps pour faire des sandwichs (moins bourratifs que le pain de mie, et se conservent plus longtemps), tranches de fromage au frigo, tomates cerises… Prévoyez aussi un sac spécial sortie pour votre petit aventurier avec casquette, crème solaire, change et tout le tralala. En d'autres mots : anticipez (pour survivre) !

3. À l'école, je ne fais pas ma warrior de la kermesse !

Un gâteau, pourquoi pas, mais un seul, et simple, maison si vous avez le temps ou tout prêt si vous êtes charrette. Qui verra la différence parmi les cinquante gâteaux ? Personne ! On vous demande de tenir un stand, voire on vous harcèle pour cela ? Dites oui si vous en avez envie, mais seulement pour une heure et si papa-mamie sont dans les parages pour s'occuper des enfants. Sinon, non, ils trouveront bien d'autres parents !

4. Un anniversaire (ou deux ou trois) ? Je ne panique pas !

Évidemment, vous aimeriez offrir à votre enfant un anniversaire de dingue… mais vous n'en avez pas les moyens, et c'est vous mettre là une sacrée pression, qui n'augure rien de bon pour votre charge mentale. Votre mot d'ordre : y aller tranquillou, par étapes !

Étape 1

Fixez la date un mois à l'avance et tenez-vous-y !

Étape 2

Décidez ensemble où et comment : à la maison, avec des petits ateliers créatifs ou des jeux ? Dans une structure à l'extérieur (aire de jeux, ateliers de dessins, accrobranche) ? Essayez de trouver le bon équilibre : faire plaisir à votre enfant, ne pas trop vous arracher les cheveux et rester dans le budget imparti !

Étape 3

Établissez avec votre enfant la liste des invités, en la limitant à un certain nombre de personnes. Appliquez la règle qui suit, qui a le mérite d'être très raisonnable et facilement compréhensible par votre petit, et qu'il sera donc facile de lui imposer : 4 invités pour les 4 ans, 5 pour les 5 ans…

Étape 4

Faites les invitations, DIY si vous en avez le temps et l'envie, toutes faites ou à imprimer sinon (www.carteanniversaire.net, http://invitationdecartes.com). Autre solution : trouvez une image sympa en ligne, insérez-la dans un doc Word, indiquez les infos à côté, imprimez, découpez, pliez et c'est gagné ! Les enfants, au final, s'en moquent un peu. N'oubliez pas d'indiquer une date de RSVP (et, dès le SMS de confirmation reçu, enregistrez le contact dans votre Smartphone).

Étape 5

Pour un goûter d'anniv' à la maison, misez sur les packs déco tout prêts, glanez des idées d'activités sur le Net, trouvez un kit pour un escape game à la maison… N'en faites pas trop cependant : les enfants pourront aussi très bien s'amuser ensemble dans leur coin, comme ils le font habituellement, les bonbons en plus !

Encore invité !

Votre enfant a une vie sociale bien plus remplie que la vôtre : il est invité toutes les semaines, ou presque. Vous êtes ravie de sa popularité, mais ça commence à faire beaucoup pour le budget cadeaux et vos (précieux) samedis après-midi. Voici quelques solutions pour alléger la note et limiter les heures perdues…

- Fixez-vous un budget : 10-15 € par enfant, à vous de voir en fonction de vos possibilités. Gardez à l'esprit que, dans la frénésie du déballage de cadeaux, les enfants font peu attention à qui a offert quoi.
- Profitez des périodes de promo sur les jouets post-Noël et autres braderies pour faire un petit stock de cadeaux qui marchent à tous les coups : kits d'activité manuelle, Lego, petits carnets…
- Arrangez-vous avec un parent pour faire l'aller ou le retour.

Mon programme pour partir en vacances zen

Avant, vous pouviez partir sur un coup de tête, passeport en poche et maillot de bain dans le sac à main. Mais ça, c'était avant que vous deveniez parents ! Avec une petite tribu, les vacances demandent logiquement beaucoup plus d'organisation.

Ma problématique

Les vacances, en principe, c'est du fun, du repos… mais, avec les réservations à faire, les valises à boucler et les enfants à occuper, ça peut vite devenir beaucoup moins fun et moins reposant.

Mon plan d'attaque

Pla-ni-fier, c'est encore et toujours le secret de la sérénité, mais pas seulement ! À la clé également, quelques économies (plus vous vous y prenez tôt, moins c'est cher) et une bouée à laquelle vous raccrocher en pensée pour traverser les longs mois d'hiver. Petit rétroplanning pour que vos vacances soient réellement des vacances.

Aussitôt que possible !

- Dès que vous connaissez la date des congés de chacun, réservez le centre aéré, prévenez papi-mamie, achetez les billets de train ou d'avion…
- C'est aussi le moment de réserver votre logement : location, villages vacances ou camping kids friendly avec location de kit bébé (lit parapluie, poussette, chaise haute) et, le graal, un club bébé et/ou enfant. Une fois n'est pas coutume, interdit de culpabiliser à l'idée de les laisser une demi-journée ici ou là : vous avez aussi droit à vos vacances, il en va de votre santé physique et mentale (et de la survie de votre couple).

J – 3 mois ou plus !

Si vous partez à l'étranger, vérifiez au plus vite les cartes d'identité et/ou les passeports des membres de toute la famille et, le cas échéant, prenez rendez-vous rapidement pour les faire faire. Un passeport peut prendre facilement 2 mois dans certaines mairies. Évitez-vous ce stress inutile en prenant les devants !

J – 1 mois

Prévoyez une visite chez le garagiste si vous partez en voiture pour un petit bilan (pression des pneus, niveau d'huile…). Se retrouver sur le bas-côté d'une autoroute avec des enfants n'est pas la meilleure manière de commencer des vacances !

J – 1 semaine

- Faites une check-list intelligente pour les bagages, par catégories : vêtements, hygiène, alimentation, loisirs, trousse à pharmacie, papiers, linge de lit… Faites-la sous Word et enregistrez-la (une pour l'été, une pour l'hiver), vous pourrez ainsi vous en resservir tous les ans, la compléter, l'améliorer…
- Si vos enfants sont autonomes, adoptez le système de la valise de classe découverte : prévoyez une pochette en tissu (ou un tote bag) par jour avec un change complet (culotte ou boxer, chaussettes, short, tee-shirt) et le jour inscrit dessus. Votre enfant pourra ainsi s'habiller seul pendant les vacances.

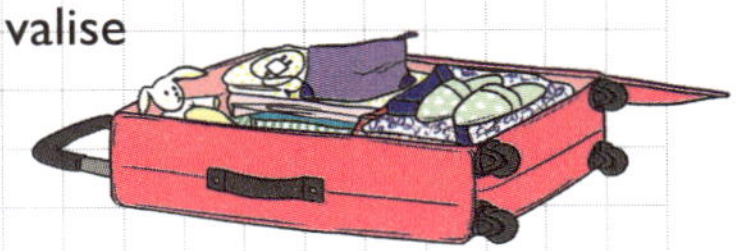

- Rassemblez au fur et à mesure tout dans un endroit avant de boucler la ou les valises. Évidemment, laissez monsieur préparer sa valise seul. Il n'a plus 5 ans, non ?
- Si vous voyagez en avion ou en train, imprimez ou téléchargez sur l'appli vos billets, vérifiez le lieu (terminal, notamment) de départ et l'heure d'enregistrement, et organisez votre transfert (taxi, transport en commun, ami ou famille), en prévoyant large niveau temps.

J – 3 jours

- Dès que vos enfants sont assez grands (4-5 ans), laissez-les préparer leur sac d'activités et de jouets : à eux de choisir ce qu'ils veulent tant que ça tient dans le sac dédié ! Bien sûr, vous pouvez jeter un coup d'œil à la fin et ajouter quelques stylos et des feuilles, un livre ou un petit jeu de cartes… et retirer ce qui ne servira jamais, comme les deux pièces de puzzle orphelines ou le feutre qui ne marche plus !
- Bouclez les valises, listes à la main.
- Prévoyez un sac spécial voiture afin d'avoir sous la main un change pour chaque enfant, quelques sacs en plastique pour vomir, du paracétamol.
- Laissez un double de vos clés à une personne de confiance.
- Les courses en ligne, c'est un gain de temps aussi en vacances. Repérez le drive le plus proche de votre location, remplissez votre panier avec les indispensables et passez les chercher dès votre arrivée.

J – 1

La veille du départ, faites une dernière check-list pour les choses impossibles à boucler à l'avance, avec deux colonnes : l'une pour la maison (couper l'eau, le gaz, fermer les volets, mettre l'alarme…), l'autre pour les vacances (prendre le doudou, les brosses à dents, les sandwichs et l'eau dans le frigo…).

Jour J

- Avant de fermer la porte à clé, vérifiez à deux (ainsi, pas de dispute en cas d'oubli !) vos listes « maison » et « vacances ».
- Si l'un de vos enfants est sujet au mal des transports, pensez à lui donner son médicament au moins une heure avant le départ (et la veille s'il s'agit d'un traitement homéopathique).

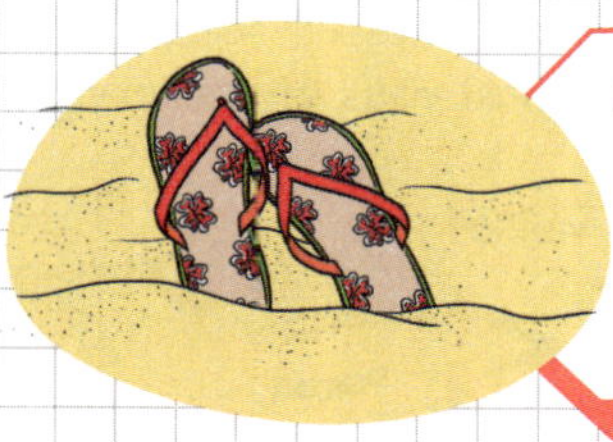

Zen, c'est les vacances !
Ne pas prendre la douche tous les jours, manger un peu moins sain, se coucher à pas d'heure et ne pas avoir coché toutes les visites culturelles conseillées… ce n'est pas grave ! Les vacances, c'est fait pour relâcher la pression, privilégier les moments de qualité. Et l'éducation, c'est aussi cela : savoir offrir des plages de liberté, des petits moments d'insouciance !

Chapitre 5

Je communique, je délègue… et j'allège

Vous voulez alléger votre charge mentale ? Bonne idée ! Encore faut-il responsabiliser les premières personnes impliquées, à savoir votre moitié (pleine de bonne volonté, mais limitée dans son efficacité) et vos enfants (naturellement déconnectés). Et c'est indispensable à deux titres ! D'abord, pour que votre famille prenne (enfin) conscience de cette charge mentale, car c'est bien une part du problème : elle ne s'en rend pas compte ! Ensuite, pour vous assurer (enfin) une meilleure répartition des tâches. C'est le moment d'arrêter de tergiverser… et de les faire participer !

2 clés pour coacher ma moitié

Un jour, vous avez eu foi en l'humanité et vous avez lancé une machine ou laissé le frigo vide avant un déplacement pro en espérant que votre compagnon aurait une illumination… Raté, vous êtes rentrée, et le linge (moisi) n'était toujours pas étendu, votre garde-manger toujours aussi peu rempli, et vos enfants, satisfaits d'avoir (enfin) mangé au fast-food du coin. Pas de doute : votre +1 a besoin d'être coaché, et vous de com-mu-ni-quer !

La communication non violente pour la paix des foyers

La bouderie, la télépathie, la bonne vieille dispute… Pour alléger votre charge mentale, mieux vaut reléguer vos vieilles stratégies d'ado au second plan ! Votre nouvelle arme pour lui expliquer ce que vous attendez sans vous énerver : la CNV.

La communication non violente (CNV), quèsaco ?
Développée dans les années 1960 par Marshall Rosenberg, la CNV est bien plus qu'une méthode de communication. C'est une manière d'être avec les autres et avec soi, basée sur la bienveillance et l'empathie. Au lieu de continuer à jouer à « qui a tort, qui a raison » – attitude inefficace –, la CNV propose de repérer ce qui, dans votre manière de penser et de communiquer, génère de l'opposition ou au contraire facilite la communication, vous permet de vous exprimer de manière concise et de décoder l'agressivité de l'autre.

Et concrètement, on fait comment ?

La communication non violente se décline en 4 étapes (OSBD pour les initiés).

L'observation

Prenez le temps d'observer la situation de façon objective. Pas de reproche, de critique, de jugement de valeur, de généralisation ou d'interprétation ! Ouvrez plutôt le dialogue en formulant votre observation de la manière la plus neutre possible.
La bonne formule : « Lorsque j'entends… », « Lorsque je vois… », « Lorsque j'observe… »

Les sentiments

Exprimez vos sentiments, agréables ou désagréables, de manière simple et précise, sans employer des expressions impliquant un jugement de valeur ou une intention négative.
La bonne formule : « Je me sens… »

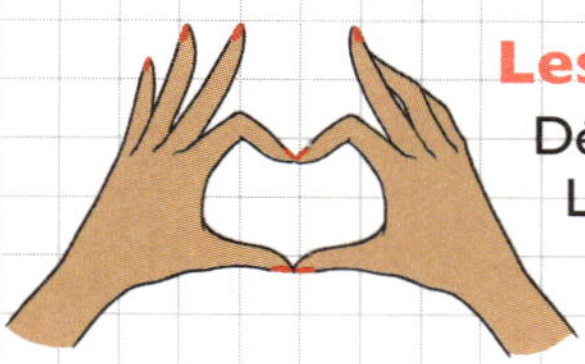

Les besoins

Décrivez vos besoins non satisfaits dans la situation présente.
La bonne formule : « J'aimerais… », « Ce qui est important pour moi c'est… », « Parce que j'ai besoin de… »

La demande

Formulez une demande concrète, claire, simple et réalisable, afin de satisfaire votre besoin et de faire évoluer la situation.
La bonne formule : « Est-ce que tu serais d'accord pour… ? »

Petit exercice pour passer du mode « agression caractérisée » à la CNV

Vous avez du mal à vous défaire de vos mauvaises habitudes ? Normal, la communication non violente, ça se travaille ! Pour commencer en douceur, inspirez-vous du tableau ci-dessous !

	Mode « habituel »	Communication non violente			
		Observation	Sentiments	Besoins	Demande
Exemple	J'en ai marre de devoir faire à manger tous les soirs alors que tu joues sur ta tablette (ou que tu lis l'*Équipe*, ou que tu glandes).	Le soir, en rentrant du travail, je dois préparer le dîner.	Je me sens dépassée…	… car j'ai besoin d'aide pour gérer le quotidien.	Serais-tu d'accord pour préparer deux dîners par semaine ?
À vous de jouer	....	....	....	....	....

J'accepte qu'il fasse différemment de moi

Comme beaucoup de mamans, vous êtes peut-être convaincue que vous êtes la seule à « savoir ». Savoir nettoyer les fesses du plus petit, savoir acheter les bons yaourts, savoir choisir la bonne tenue qui va bien avec les nouvelles sandales brillantes de la grande… Certes, vous êtes la seule à savoir le faire… à votre manière ! Déléguer, c'est accepter que l'autre fasse les choses différemment de soi. Cela fait partie du jeu ! Alors oui, votre enfant portera peut-être un tee-shirt rouge avec un pantalon vert, mais il sera habillé. Le gratin de pâtes sera peut-être un peu plus gras que d'habitude, mais il y aura à manger sur la table. Votre mot d'ordre : RE-LA-TI-VI-SER !

Une répartition des tâches plus équitable relève aussi d'une petite guerre à faire contre vous-même : accepter que les choses puissent être faites autrement sans que cela empêche le monde de tourner !

Et concrètement, on fait comment ?

Si, pour vous, déléguer se résumait jusqu'ici à demander à votre moitié de noter « œufs » sur votre liste de courses ou de vous rappeler que demain vous avez la réunion parents-profs, il va falloir changer vos petites habitudes ! Votre nouveau credo : adopter les 3 règles d'or de la bonne délégation…

- → Confier la tâche de A à Z.
- → Donner des instructions claires et les bons outils.
- → Appliquer la règle du « c'est celui qui fait qui a raison ». En d'autres termes : dès lors que la tâche est effectuée, accepter le résultat.

Mes outils pour briefer les p'tits !

« Mets la table », « Range ton cartable »… Ces consignes, vous les avez entendues pendant des années, peut-être au point de vous jurer que vous ne les répéteriez jamais à vos enfants adorés. Il va pourtant falloir vous raviser ! Plus vos enfants en font, moins vous en avez à en faire (un bon point pour votre charge mentale), d'une part, et vos enfants ont en plus tout à y gagner d'autre part ! C'est parti.

Mettre les enfants à contribution : mission impossible ?
Non, mais il vous faudra peut-être faire preuve d'ingéniosité ! Comment procéder ? Organisez des tours (cette semaine, c'est Maxime qui met la table), créez un planning hebdomadaire, dédiez une ou plusieurs tâches spécifiques à chaque enfant, nommez chaque semaine un enfant « assistant de papa-maman »… Il est parfois nécessaire de tâtonner pour trouver le bon fonctionnement. À vous de tester ! Et n'oubliez pas : vous n'êtes pas la seule à y gagner ! Confier des tâches à vos petits, c'est 1) les valoriser, 2) leur inculquer le sens de l'effort, 3) leur donner confiance en eux, 4) les responsabiliser, 5) les sensibiliser aux valeurs d'entraide, 6) les inciter à respecter un espace commun et 7) les aider à gagner en autonomie ! Ne lâchez rien !

Un mémo par âge et par tâche

Les encourager à mettre la main à la pâte, oui, mais pas n'importe comment ! Pour éviter de confronter vos enfants à l'échec, de générer des tensions (voire carrément des conflits) et de vous retrouver (à nouveau) à tout faire toute seule, veillez à adapter les tâches que vous leur déléguez. Alors, ils peuvent faire quoi, au juste ? Et surtout, qui fait quoi ?

Pourquoi ça allège la charge mentale ?

Ranger les chaussures qui traînent dans le couloir, mettre le rouleau en carton du papier toilette à la poubelle, ramasser le tas de dessins par terre… Mises bout à bout, toutes ces petites choses vous donnent l'impression de ne jamais arrêter une minute et, avouez-le, d'être un peu la bonne à tout faire de la maison. Du coup, mettre vos enfants à contribution, c'est vous sentir un peu moins Cendrillon !

Quelques règles d'or à adopter au moment de déléguer !

Pour que les tâches ménagères des enfants ne virent pas au combat, gardez en tête ces quelques règles…

- Au début, accompagnez-les dans la réalisation des corvées. Donnez-leur la marche à suivre, montrez-leur les gestes et surtout encouragez-les.
- Expliquez-leur le bénéfice de leur participation : parce qu'ils vous aident, vous avez moins de choses à faire… et un peu plus de temps de qualité à leur accorder !
- Si cela ne va pas assez vite, résistez à l'envie de faire à leur place.
- Pas de chantage ou de récompense pour les tâches ménagères. Cela fait partie de leurs devoirs… Point barre !
- De même, n'assimilez pas les tâches ménagères à une punition, au risque de devoir batailler encore plus pour obtenir leur aide !

À vous de jouer !

Inspirez-vous du mémo ci-dessous pour répartir les tâches du quotidien dans la fratrie !

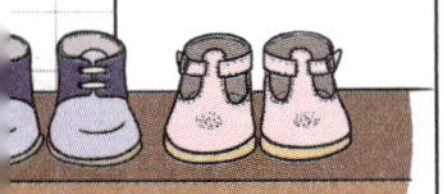

Âge	Tâches qu'un enfant peut effectuer (seul)	J'attribue cette tâche à…
Avant 3 ans	• Ranger ses chaussures • Accrocher son manteau à un crochet à sa hauteur • Mettre un déchet à la poubelle • Ramasser des jouets pour les mettre dans un bac • Nettoyer la table avec une lingette	…………………… …………………… …………………… ……………………
Entre 3 et 5 ans	• Mettre la table • Ranger ses jouets • Mettre ses vêtements sales dans un panier • Aider à mettre la table • Mettre sa vaisselle sale près de l'évier • Mettre les chaussettes par paires	…………………… …………………… …………………… …………………… ……………………

Âge	Tâches qu'un enfant peut effectuer (seul)	J'attribue cette tâche à...
Entre 5 et 8 ans	• Ranger le panier à couverts du lave-vaisselle • Passer le balai sous la table après le repas • Faire la poussière avec un chiffon en microfibre • Arroser les plantes	....
Après 8 ans	• Étendre le linge • Faire les carreaux • Passer l'aspirateur dans sa chambre • Sortir la poubelle • Vider le lave-vaisselle • Aider à la préparation du repas	....

Un temps en famille inspiré de la discipline positive

La discipline positive (DP) ? Vous connaissez : elle envahit les magazines que vous feuilletez chez le pédiatre et elle a même son propre hashtag ! De là, à en devenir adepte… Pourtant, cette « méthode » peut faire des petits miracles pour alléger vos to-do lists tout en contribuant au bien-être de vos enfants. Laissez-vous tenter !

La discipline positive, quèsaco ?

Mise au point par deux psychiatres autrichiens, Alfred Adler et Rudolf Dreikurs, la discipline positive est une approche éducative visant à trouver un subtil équilibre entre fermeté et bienveillance. Adieu les punitions, bonjour à deux grands principes…

- Chaque être humain a besoin d'avoir un sentiment d'appartenance à un groupe et la capacité de contribuer au bien-être de ce groupe.
- La liberté de chacun s'accompagne de responsabilités.

Moralité : impliquer davantage vos enfants dans le quotidien de la maison est bénéfique à la fois pour eux en tant qu'individus et pour la famille en tant que groupe.

Pourquoi ça allège la charge mentale ?

Grâce à un ensemble d'outils, la DP vise à développer l'autodiscipline, le sens des responsabilités, l'autonomie, l'envie d'apprendre, le respect, l'empathie, l'honnêteté chez vos enfants (et bien d'autres points encore). Un enfant qui rassemble toutes ces belles qualités et compétences aura forcément un effet positif sur votre charge mentale !

Votre outil : le temps en famille (TEF)

Parmi les multiples outils de la discipline positive, le TEF doit être régulièrement mis au programme. Sorte de « conseil de famille », il peut être utilisé dès lors que vos enfants sont en âge de s'exprimer. Son objectif : améliorer la communication, l'écoute, et renforcer les liens au sein de votre petite tribu. C'est un temps constructif, qui permet à vos enfants de devenir acteurs de la vie familiale, qui incite chacun à réfléchir et à trouver des solutions ensemble, qui permet de faire le point sur l'avancée des projets. Autre bénéfice (de taille) : le TEF incite, par la séquence des « mercis », à la bienveillance, vous pousse à reconnaître ce qui va bien et à exprimer votre gratitude.

À vous de jouer !

Vous êtes motivée ? Adoptez les 4 étapes du TEF…

- **Le tour des appréciations positives :** commencez tout simplement par vous dire merci (même si ce n'est pas toujours évident !) pour des grandes ou des petites choses, tous ensemble. « Merci Lola d'avoir suivi les consignes à la sortie scolaire », « Merci Théo d'être un enfant si attentionné avec ses dessins », « Merci papa pour les fleurs surprise ! »
- **Les questions à l'ordre du jour :** comme dans les réunions professionnelles, choisissez les questions à traiter lors du TEF. Cela peut aller des menus de la semaine au choix de la destination des prochaines vacances en passant par des aspects problématiques de la vie familiale (le linge qui traîne dans la salle de bains, l'usage du Smartphone à la maison…). En somme, tout ce qui contribue à votre charge mentale. C'est le moment ou jamais de tout mettre à plat ! Par la suite, vous pourrez choisir des sujets plus généraux pouvant par exemple avoir lien avec l'actualité (le harcèlement scolaire, le sort des enfants réfugiés…).
- **La planification d'une activité agréable en famille :** décidez tous ensemble d'un projet fun (aller au cinéma, décorer le sapin de Noël, faire un DIY pour la déco du salon…).
- **Le calendrier des événements importants à venir :** clôturez le TEF avec un tour d'horizon du planning familial.

En pratique

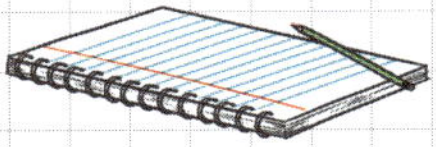

Si vous le pouvez, faites du TEF un rendez-vous inébranlable, sauf circonstances très exceptionnelles. Un TEF une fois par semaine, un jour fixe, c'est parfait ! Et chaque semaine, vous décidez d'un maître de séance, qui changera à la prochaine réunion au sommet. Enfin, n'oubliez pas de consigner tout par écrit dans un carnet… et évidemment, éteignez tous les téléphones !

Je déploie un réseau de choc

Seule au monde, accrochée à un canot de sauvetage prêt à couler : c'est un peu l'impression que vous avez le mercredi entre deux activités, une machine à lancer et un drive à aller chercher. Dans cette histoire de charge mentale, vous pensez en effet à tout, tout le temps… toute seule. Stop ! En bonne cheffe que vous êtes, créez votre super-équipe logistique.

Membres de ma famille, je vous aime… surtout si vous m'aidez !

Le problème

« Tu ne peux pas faire venir ta mère pour te donner un coup de main ? » Combien de fois avez-vous dû répondre à cette question ? Problème : pour pouvoir bénéficier de l'aide de papi-mamie ou de tata chérie, il faut non seulement que ce soit géographiquement possible, mais aussi que vous n'ayez pas envie de vous écharper 3 minutes après leur arrivée. Sans compter que vous n'êtes pas toujours alignés en matière d'éducation !

La solution

En confiant vos enfants à vos parents (ou à vos beaux-parents), vous vous délestez de toute une série de tâches du quotidien. Un bon point donc pour votre charge mentale, à certaines conditions, car déléguer pour générer de nouveaux conflits, c'est évidemment sans intérêt !

Vos mots d'ordre

- **Acceptez la manière dont ils s'en occupent :** même pour vos enfants, il faut parfois accepter que d'autres fassent différemment que vous.
- **Mais restez ferme dès lors qu'il s'agit de respecter vos grands principes éducatifs.** La politesse, les temps d'écran vous tiennent à cœur ? Imposez-les, mais restez souple sur le reste !

Je me constitue un réseau de mamans… et de papas !

Le problème

Le matin, vous avez 5 minutes chrono pour déposer le petit. Le soir, vous êtes souvent parmi les dernières à la garderie… Du coup, vous faire quelques amis parmi les autres parents d'élèves relève presque du miracle, sans compter que, niveau envie et affinités, ce n'est pas toujours gagné !

La solution

Vous constituer un petit réseau à l'école peut vraiment soulager le quotidien. Vous avez trouvé la perle rare parmi les mamans des copains ? Tentez de mettre en place ces quelques bons plans pour alléger réciproquement vos charges mentales…

- En début d'année, inscrivez-vous mutuellement dans la liste des personnes autorisées à venir chercher votre enfant à l'école ou à la garderie du soir. C'est toujours bon d'avoir un plan B en cas de retard dû à une grève des transports ou à une réunion qui s'éternise.

- Gardez précieusement son numéro dans votre répertoire, pour récupérer les devoirs en un tour de main en cas de cahier oublié.
- Pour le taxi des activités extrascolaire, arrangez-vous : vous faites l'aller, elle fait le retour, et vous alternez une semaine sur deux. Dans tous les cas, vous êtes gagnante !
- Vous êtes à deux doigts de craquer ? Votre copine maman peut aussi être là pour vous aider à décompresser, à rigoler… et à relativiser. C'est l'un des intérêts de la soirée entre copines : échanger sur votre quotidien et, au passage, dédramatiser. Non, vous n'êtes pas la seule à vous sentir écrasée par la charge mentale !

Je fais appel aux pros… si j'en ai les moyens !

Le problème

Il existe aujourd'hui toute une constellation de pros pour faciliter le quotidien des familles. Il ne s'agit bien évidemment pas d'avoir vingt nounous à demeure, mais de bénéficier régulièrement ou ponctuellement d'une petite aide extérieure. Le hic : si vos fins de mois sont difficiles ou votre budget ric-rac pour vous payer les providentielles vacances d'été, prendre une femme de ménage est un conseil… malvenu. En revanche, si vos finances le permettent et que vous ne le faites pas, c'est qu'il y a un frein ailleurs. En l'occurrence, dans votre tête. Vous vous sentez coupable à l'idée de confier une tâche qui, normalement, pensez-vous, vous revient ? Vous n'avez « pas été élevée comme ça » ? Vous n'êtes pas prête à laisser une inconnue entrer dans votre intimité ?

La solution

Balayez toutes ces idées ! De l'avis de toutes les familles qui ont sauté le pas, prendre un(e) employé(e) quelques heures par semaine pour vous décharger du ménage facilite vraiment le quotidien et évite mille et une prises de tête au sein du couple. C'est du temps de qualité en famille gagné… et ça fait marcher l'économie !

Vous êtes décidée à franchir le pas ?

- **N'hésitez pas à passer par une agence** qui s'occupe de tout de A à Z, du recrutement de l'intervenante aux factures en passant par le comptage des heures et autres formalités administratives. Cela permet également de bénéficier du crédit d'impôt de 50 % au titre des services à la personne.
- **Pensez au CESU** (Chèque emploi service universel), que certains comités d'entreprise financent partiellement.
- **Faites venir l'employé de ménage en votre absence,** par exemple le vendredi, pour profiter d'une maison rangée à votre retour et le week-end !
- **Confiez-lui en priorité les tâches ménagères qui vous rebutent**, comme le repassage ou le nettoyage des plaques de cuisine, et ponctuellement une « grosse » tâche, comme le lavage des carreaux.

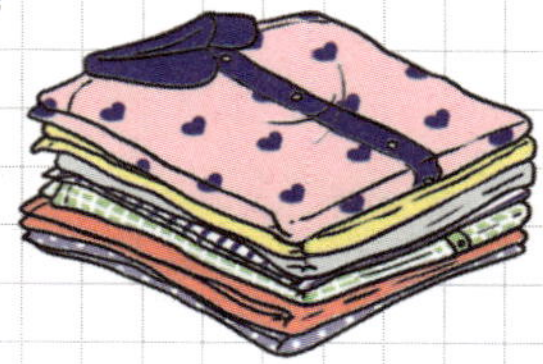

Des baby-sitters dans mes contacts

Un dîner no-kids chez des amis, un concert en amoureux... : il est toujours bon d'avoir le numéro de deux ou trois potentielles baby-sitters dans vos contacts. Comme au boulot, faites marcher votre réseau : la nièce d'une collègue, la nounou de la voisine, la fille de la coiffeuse... Autre solution : faites appel à une agence (O2, Mouton Vole...) ou une appli de garde collaborative (BSIT, Babysittor...).

Chapitre 6

Je prends soin de moi

En avion, les consignes de sécurité sont claires : si les masques à oxygène tombent, il faut mettre le sien avant d'aider les enfants à mettre le leur. Dans votre vie quotidienne, c'est un peu la même chose : pour que vous puissiez prendre soin des autres, il faut commencer par prendre soin de vous… Plus facile à dire qu'à faire ! Comme bon nombre de mamans, vous ne le faites peut-être pas, par manque de temps, en raison d'une mauvaise organisation ou par sentiment de sacrifice ou de culpabilité, deux termes qu'il faut absolument rayer de votre vocabulaire ! Chouchoutez-vous comme vous chouchoutez vos enfants, tout le monde y gagnera, et votre charge mentale pourrait bien s'évaporer (ou presque) !

Je fais le point sur mes petites failles

Parfois (tout le temps, en fait), vous avez l'impression d'être un ordi avec plein de docs ouverts, des dizaines d'onglets dans le navigateur et une multitude de messages urgents dans la boîte mail. Une mise à jour ? Vous cliquez sur plus tard ! Mais, comme l'ordi, vous commencez à ramer sérieusement. Avant de planter pour de bon, prenez le temps de comprendre ce qui vous use pour mieux y remédier !

Fatigue, stress, microbes : je décode mes ennemis

Zéro énergie, un stressomètre au maximum ou une propension à attraper tous les microbes qui passent : votre bien-être et votre santé pèsent eux aussi sur votre charge mentale et sur la manière dont vous la gérez. Et pour cause : si vous êtes épuisée en permanence, vos to-do lists risquent de continuer à s'allonger, d'où la nécessité de vérifier régulièrement votre batterie pour tenir la route !

J'évalue mon niveau d'énergie, de 0 % (dès le matin, vous êtes fatiguée et ne pensez qu'à une chose, vous recoucher) à 100 % (vous avez la pêche !)

0 %	10 %	20 %	30 %	40 %	50 %	60 %	70 %	80 %	90 %	100 %

Mes notifications « batterie faible »

Notez ici les signes qui, chez vous, montrent que vous êtes très, très fatiguée (par exemple : manque de concentration, propension à vous énerver très vite, cernes de 1 km).

....

....

J'évalue mon niveau de zénitude de 0 % (vous êtes super-stressée, vous réagissez au quart de tour et vous passez votre temps à ruminer) à 100 % (vous êtes très zen)

0 %	10 %	20 %	30 %	40 %	50 %	60 %	70 %	80 %	90 %	100 %

Mes notifications « appareil en surchauffe »

Notez ici les signes indiquant que vous frôlez le burn out (au hasard, insomnie, poussée d'herpès, pleurs inexpliqués).

....

....

J'évalue mon niveau d'immunité, de 0 % (gastro, rhume, angine, vous êtes tout le temps malade) à 100 % (vous, malade ? Jamais !)

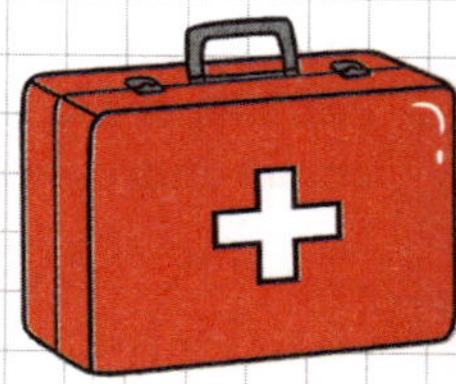

0 %	10 %	20 %	30 %	40 %	50 %	60 %	70 %	80 %	90 %	100 %

Mes notifications « virus détecté »

Faites l'inventaire de vos petites maladies sur les 6 derniers mois (rhume, gastro, grippe et autres virus non identifiés).

....

....

La roue de mon bien-être

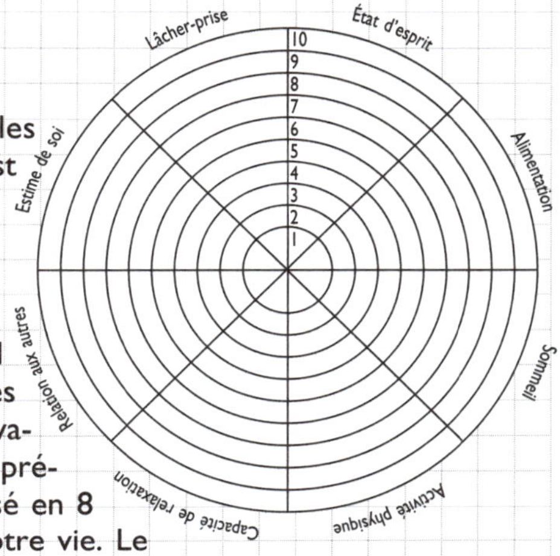

Cerner ses ennemis, c'est bien, mais identifier les facteurs qui peuvent vous aider à les éliminer, c'est encore mieux !

La roue de la vie, c'est quoi exactement ?

Si vous vous intéressez un peu au bullet journal (page 32), vous avez sûrement vu passer ces jolies roues colorées. Le *level 10 of life*, ou « roue de l'évaluation de la vie », est un outil d'autoévaluation se présentant sous la forme d'un graphique circulaire divisé en 8 parties, chacune correspondant à un domaine de votre vie. Le principe : évaluer chaque thématique de 1 à 10 selon votre degré de satisfaction (et sans vous mentir), puis colorier les segments correspondants. Vous pouvez ainsi visualiser d'un coup d'œil les domaines de votre vie un peu faibles, et qui donc sont à améliorer, et ceux dont vous pouvez tirer force et fierté. Le but du jeu : progresser grâce à des objectifs bien précis pour chaque thématique et colorier les niveaux suivants.

À vous de jouer !

Commencez par évaluer de 1 à 10 les huit piliers de votre bien-être en vous basant sur le tableau ci-dessous. Attribuez à chaque segment du cercle un pilier, puis coloriez-le en fonction de la note attribuée.

Le pilier à évaluer	1 correspond à…	10 correspond à…
1 Votre état d'esprit	Team verre à moitié vide : vous vous focalisez toujours sur le côté négatif des choses.	Vous êtes plutôt positive. Ce qui ne nous tue pas nous rend plus forts !
2 Votre alimentation	Vous êtes un exemple de malbouffe : beaucoup de plats préparés, et des repas régulièrement zappés !	Vous pourriez être une food-influençeuse : frais, local, bio et fait maison, c'est votre credo.
3 Votre sommeil	Vous avez du mal à vous endormir, vous vous réveillez la nuit, et le matin, vous êtes fatiguée.	Vous dormez comme une marmotte !
4 Votre activité physique	C'est simple, vous n'en faites pas !	Vous faites du sport plusieurs fois par semaine : impossible de vous en passer !
5 Votre capacité de relaxation	La relaxation ? Vous détestez ! Loin de vous calmer, ça vous énerve.	Vous pratiquez régulièrement une méthode de relaxation, en particulier quand vous sentez le stress monter.

Le pilier à évaluer	1 correspond à...	10 correspond à...
6 Vos relations aux autres	Vous n'êtes pas un exemple de sociabilité : chacun chez soi, et contacts réduits au strict minimum !	Très sociable, vous êtes typiquement la maman qui connaît tous les parents à l'école.
7 Votre estime de vous	Vous avez l'impression que tout ce que vous faites n'est pas assez bien.	Vous vous en sortez très bien et vous avez les ressources en vous pour surmonter toutes les difficultés.
8 Votre capacité à lâcher prise	Vous n'en avez tout simplement pas ! Vous avez besoin de tout contrôler et de tout comprendre.	Vous arrivez à relativiser, à accepter de ne pas avoir de prise sur certaines choses.

Mon bilan

Vous vous félicitez pour :

....

....

....

En revanche, vous devez faire des progrès dans ces domaines :

....

....

....

Pour chacun de ces domaines, vous vous fixez des objectifs qui vous permettront de progresser et d'atteindre le niveau suivant :

....

....

....

Mon programme zen

Un enfant malade à faire garder, un dossier à boucler, un dîner à préparer au pied levé : au point où vous en êtes, vous ne comptez même plus les choses qui vous stressent. Le stress est un peu devenu votre état normal, or inutile de vous le dire : ce n'est bon ni pour vous, ni pour votre charge mentale, ni pour votre entourage. Il est temps de retrouver un peu de sérénité !

Le cercle vicieux stress-charge mentale
Votre charge mentale génère du stress,
le stress diminue votre aptitude à gérer cette charge mentale,
votre charge mentale génère (encore) du stress !

J'adopte une assiette anti-stress

Contre le stress, mangez…

… du magnésium, le minéral anti-stress par excellence !

Vous êtes fatiguée, irritable, souffrez de crampes, de palpitations, vous avez une paupière qui tressaute ? Cela ressemble fort à un manque de magnésium. Normal, nos apports alimentaires en magnésium sont très souvent insuffisants à cause de notre alimentation ultra-transformée. Cerise sur le gâteau, le stress accentue la fuite du magnésium dans les urines, de même que l'alcool, le tabac et la pollution.

Et concrètement, je fais quoi ?

Grignotez au quotidien (avec modération, bien sûr) des graines de tournesol, des noix du Brésil, des amandes, des noix, des noisettes, du chocolat noir, des blettes, du pain complet, des crevettes roses, des fruits secs, du riz complet, des légumes secs… Et n'oubliez pas de garder sur votre bureau une bouteille d'eau minérale riche en magnésium : Hépar, Rozana, Quézac, Badoit, Contrex, à vous de choisir !

… des oméga-3, le gras de la zénitude !

Les oméga-3, ce sont un peu les champions du gras toutes catégories. Dotés de très nombreux bienfaits, notamment sur le cerveau, ils peuvent également vous aider à mieux gérer votre stress. Leur secret ? Ils améliorent les connexions entre les neurones dans la région cérébrale qui régule le stress.

Et concrètement, je fais quoi ?

Consommez du poisson gras une ou deux fois par semaine, en privilégiant les espèces de petite taille (maquereau, sardine) pour éviter les polluants qui s'accumulent au fil de la chaîne alimentaire. Le poisson vous séduit autant que la perspective de passer le week-end avec belle-maman ? Misez sur la filière Bleu-Blanc-Cœur pour les œufs, le jambon, le lait et la viande. Côté assaisonnement, optez pour l'huile de colza ou de noix, ou pour un mélange colza-olive. Au goûter, croquez des oléagineux (noix, noisettes), en petite quantité

pour ne pas faire grimper l'aiguille de la balance. La bonne quantité : une petite poignée (5 ou 6 noix). Et n'oubliez pas les super-aliments riches en oméga-3, comme les graines de chia, à parsemer ici et là !

… des vitamines B, pour la sérénité !

Chacune à leur manière, les vitamines du groupe B participent à la lutte contre le stress. La B6, la B9 et la B12 interviennent dans la synthèse de la sérotonine, l'hormone du bien-être. La B5, quant à elle, participe à la fabrication et à la régulation des neurotransmetteurs, ces composés chimiques qui agissent sur votre humeur. Pour ne citer qu'elles…

Et concrètement, je fais quoi ?

Misez sur les légumes à feuilles vert foncé (chou, épinard, mâche, blette, roquette, brocoli), les légumineuses (lentilles, pois chiches, haricots rouges) et les céréales complètes. Saupoudrez votre salade de germe de blé ou de levure de bière.

La recette qu'il me faut : le petit dej' Z (comme zen)

La veille au soir, mélangez dans un blender 20 cl de lait d'amande, 1 banane et 2 cuillerées à soupe de cacao amer en poudre. Versez dans un grand bol, ajoutez 2 cuillerées à soupe de graines de chia, remuez bien et mettez au frais pour la nuit. Le lendemain matin, remuez et agrémentez, au choix, de fruits frais, de quelques amandes concassées…

Ma liste de courses anti-stress

- du poisson gras (sardines, saumon, maquereau…), des crevettes roses
- de la volaille
- des céréales complètes (riz, boulgour, quinoa…)
- des légumineuses (lentilles, pois chiches, haricots rouges…)
- des avocats
- des légumes à feuilles vertes (épinard, mâche, brocoli, cresson…)
- des huiles riches en oméga-3 (colza, noix)
- du germe de blé
- des oléagineux (noix du Brésil, amandes, noix, noisettes) et des graines (lin, sésame, courge…)
- des fruits secs (figue, banane)
- de l'eau riche en magnésium

Je deviens adepte des thérapies douces

Les médecines douces et les remèdes naturels sont de vrais coups de pouce pour faire baisser la pression et booster le moral. Ce serait dommage de vous en priver !

Je découvre la phyto et les plantes adaptogènes

En phytothérapie, on qualifie d'« adaptogènes » les plantes qui aident l'organisme à s'adapter à toutes les situations, notamment celles de stress physique ou psychique.

Et concrètement, je fais quoi ?

Vous vous sentez raplapla ? Côté émotions, ça ne va pas ? Tentez le griffonia ! Cette plante africaine contient du 5-hydroxytryptophane, une super-molécule qui booste la sécrétion de sérotonine, l'hormone anti-déprime. La bonne posologie : 100 à 200 mg de griffonia par jour, en gélules (disponibles en pharmacie, parapharmacie, sur les sites spécialisés et dans les magasins bio), le soir de préférence pour éviter l'effet de somnolence.

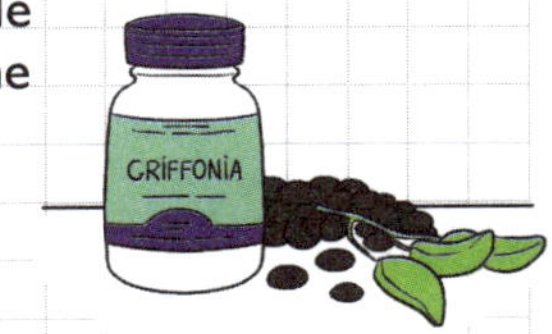

Je me fais « piquer » contre le stress

En médecine traditionnelle chinoise, le stress est considéré comme un embouteillage du qi, cette énergie vitale qui circule dans tout votre corps le long de 12 canaux, appelés « méridiens ». L'acupuncture s'attache d'une part à identifier les symptômes physiques du stress avec un interrogatoire approfondi (y compris sur vos sentiments : colère, frustration, lassitude…) et un examen global du corps, d'autre part à rétablir la bonne circulation du qi en stimulant, à l'aide de petites aiguilles, certains points spécifiques.

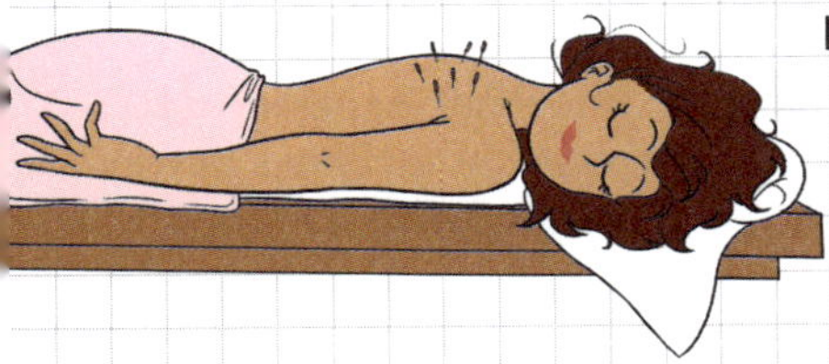

Et concrètement, je fais quoi ?

Consultez de préférence un médecin acupuncteur (annuaire sur le site de l'Association française d'acupuncture, www.acupuncture-france.com), et faites confiance au bouche-à-oreille pour le choisir. Dès la première séance, vous ressentirez une grande détente, mais au moins 3 séances seront nécessaires pour ressentir une nette amélioration au quotidien. Vous pouvez ensuite faire 1 ou 2 séances d'entretien par an, aux changements de saison (automne et printemps) pour vous maintenir au top.

Je me mets à la méditation

Les études sont unanimes : la méditation de pleine conscience, ou *mindfulness,* est efficace contre le stress. Parce qu'elle aide à se détacher du mode « pilotage automatique », elle est particulièrement bénéfique contre la charge mentale et le cerveau qui réfléchit, anticipe, planifie en permanence. En vous apprenant à mettre un petit temps de pause entre une situation et votre réaction, elle vous aide à ne pas partir au quart de tour. À la clé : une réduction des symptômes du stress, plus de lâcher-prise et une meilleure estime de vous.

Et concrètement, je fais quoi ?

Pour vous y mettre, le plus simple est d'utiliser une appli (Petit Bambou, Mind, Mindfull Attitude) ou un livre avec CD (ceux de Christophe André, par exemple), et de vous y tenir régulièrement : la méditation de pleine conscience est une

pratique qui demande de la régularité… mais seulement 10 à 15 minutes par jour (ouf !). Quand vous en constaterez les bienfaits sur votre manière de réagir face à tous les aléas du quotidien, ce petit temps pour vous deviendra vite une habitude indispensable.

Mes p'tits gestes « SOS, je stresse ! »

- Respirez profondément 3 ou 4 fois un flacon d'huile essentielle de camomille romaine quand la tension monte.
- Préparez-vous une tisane de ginseng en cas de gros rush au boulot ou de tensions avec vos proches. Adaptogène, cette plante améliore votre tolérance au stress et remobilise votre énergie.
- Faites une pression avec la pulpe du majeur sur le « palais de l'esprit », point de réflexologie situé sur le front, entre les deux sourcils. À pratiquer 6 fois de suite.
- Visualisez une image de bien-être, un lieu refuge où vous vous sentez bien. Fermez les yeux et imaginez que vous êtes dans cet endroit, que vous entendez le bruit des vagues, que vous sentez l'odeur de l'herbe coupée…

L'outil en plus : mon tuto de respiration abdominale !

- Installez-vous dans un endroit calme, allongée si vous le pouvez ou confortablement assise.
- Fermez les yeux, tournez votre regard vers l'intérieur et prenez petit à petit conscience des différents points d'appui de votre corps sur le lit ou la chaise.
- Bouche fermée, inspirez par le nez en gonflant votre ventre. Sentez l'air pénétrer dans vos poumons, puis votre diaphragme s'abaisser pour laisser votre cage thoracique s'ouvrir amplement. Mettez votre main sur votre ventre pour le sentir se gonfler.
- Toujours la bouche fermée, gardez l'air quelques secondes dans les poumons.
- Expirez par la bouche en rentrant votre ventre, pour vider tout l'air qu'il contient.

Mon programme énergie

Avoir à penser à tout tout le temps vous épuise, et c'est bien normal ! Le hic : pendant que votre énergie s'épuise, les choses à faire, elles, s'accumulent. Vite, rechargez votre batterie avec ce programme 100 % énergie.

Je mise sur une alimentation qui booste

Une alimentation pas très équilibrée fait prendre des kilos, ça vous le savez, mais elle peut aussi piller votre vitalité !

Je repère les glucides qui vont bien

Les glucides, c'est votre carburant… à condition de bien les choisir. Pas question de faire une croix dessus ! Pour une énergie longue durée, misez sur des aliments à indice glycémique (IG) bas, qui élèvent peu et progressivement le taux de glycémie (de sucre) dans le sang. Cela permet d'éviter les pics d'insuline, qui entraînent toujours un coup de barre… et des fringales !

Et concrètement, je fais quoi ?

Troquez votre baguette du matin contre du pain complet et/ou au levain, les pâtes et riz blanc contre leur version complète ou semi-complète, introduisez davantage de légumes secs (lentilles, haricots rouges, pois chiches) dans vos menus, faites une croix sur les gâteaux et les friandises, et ne vous laissez pas berner par les galettes de riz soufflé (IG 85 sur une échelle allant jusqu'à 100 !).

Pédale douce sur la caféine !
Carburer au café toute la journée… mauvaise idée ! Certes, il donne un coup de fouet grâce à la caféine qui booste la sécrétion de dopamine et d'adrénaline, mais vous devez très vite augmenter les doses pour obtenir le même effet, et la fatigue, elle, continue de s'accumuler. De plus, certaines substances du café, les méthylxanthines, empêchent la synthèse du fer, minéral indispensable au tonus. Limitez-vous à 3 tasses par jour. Ce conseil vaut également pour les sodas, qui en plus d'apporter de la caféine sont bourrés de sucre ou d'aspartame (ce qui ne vaut guère mieux !), et le thé, la théine finissant par avoir le même effet.

Je me mets au british breakfast !

Non, pas besoin de vous convertir aux beans & toast ! En revanche, les protéines au p'tit dej', c'est une bonne idée ! Les acides aminés, éléments de base des protéines, favorisent la sécrétion de dopamine, cette hormone coup de boost pour la journée ! Vous hésitez à abandonner votre brioche au beurre salé ? Sachez que le petit dej' british (dans sa version light) est également bon côté minceur : grâce à un temps de digestion plus long, les protéines vous calent efficacement jusqu'à midi et évitent au passage les grignotages.

Et concrètement, je fais quoi ?

Tentez de vous la jouer comme Beckham (Victoria, pas David !) en dégustant un œuf dur ou à la coque, une tranche de jambon ou de saumon fumé et du fromage frais sur du pain complet…

Je ne snobbe pas le fer !

Le fer, c'est le talon d'Achille des femmes. Via les règles, vous en perdez chaque mois une petite quantité, or ce minéral participe à différents mécanismes garants de votre énergie : le transport de l'oxygène, le fonctionnement du système immunitaire, la synthèse de la dopamine…

Et concrètement, je fais quoi ?

Misez sur les lentilles, le boudin noir, les fruits de mer, le chocolat noir, les abats, le bœuf, les pois chiches, les graines de citrouille… avec dans l'idéal un aliment riche en vitamine C (agrume, persil, poivron…) dans le même repas pour booster l'assimilation du fer. Pensez également à faire doser votre ferritine une ou deux fois par an par une prise de sang (surtout si vous êtes pâle, essoufflée, fatiguée).

La recette qu'il me faut : le smoothie E (comme énergie)

Dans un blender, mixez 20 cl de lait d'amande, 1 petite poignée de kale (à défaut, des pousses d'épinard), ½ mangue (surgelée au besoin), 1 cuillerée à café de spiruline ou de guarana en poudre.

Mes courses qui boostent

- des fruits et des légumes frais, de saison
- du quinoa, du riz brun, pains et des pâtes complètes, de l'orge, des flocons d'avoine
- des légumes à feuilles vertes : épinard, brocoli
- des légumineuses : pois chiches, lentilles, haricots rouges et haricots blancs
- de bonnes protéines (viande de qualité, œuf, poisson), y compris au petit déjeuner
- du gingembre frais, des herbes fraîches (persil, coriandre, menthe, sauge), des épices (badiane, cardamome)
- des oléagineux (noix de cajou, noix du Brésil, amandes) et des graines (de citrouille, de sésame)
- des superaliments pour l'énergie : de la poudre de spiruline ou de chlorella, de maca, de guarana, de moringa

Je me dope (légalement)

Pour remonter la pente, il faut parfois un coup de boost au départ. N'hésitez pas à recourir aux médecines douces et aux remèdes naturels pour retrouver la pêche.

Je deviens une pro de la phyto en choisissant le bon duo !

En l'occurrence, éleuthérocoque + maca. Ça y est, vous êtes perdue ? Le premier, surnommé ginseng sibérien, est une plante adaptogène stimulante utilisée pour améliorer les capacités physiques et psychiques. Le second, légume sacré cultivé sur les hauts plateaux péruviens, contient des oligoéléments, des acides aminés et autres substances agissant sur le système hormonal. Le tout forme un duo de choc pour surmonter les périodes de grande fatigue psychique (et vous redonner un peu de piment sous la couette au passage).

Et concrètement, je fais quoi ?

Une cure de 1 mois, à raison de 100 à 200 mg par jour d'éleuthérocoque (sous forme de gélules) à prendre en 2 ou

3 prises, de préférence avant 16 heures, et 400 à 600 mg de maca (gélules) par jour, en 2 prises. Vérifiez bien la posologie sur les notices, car la concentration en plante peut changer d'un produit à l'autre.

Je copie la reine des abeilles...

La gelée royale ? Moui, votre grande tante exilée dans une yourte en Ardèche vous en a déjà parlé. Du coup, vous êtes moyennement motivée ! Pourtant, ce nectar sécrété par les abeilles ouvrières pour la reine est riche en protéines, en acides aminés, en vitamines, en oligoéléments et en antioxydants. C'est donc un excellent stimulant physique, mais aussi un régulateur de l'humeur top en cas de coup de mou.

Et concrètement, je fais quoi ?

Acheter votre gelée royale fraîche et de France, de préférence, labélisée « gelée royale française » et bio, c'est la garantie d'un produit très pur, puis faites une cure de 1 à 2 mois, à raison de 0,5 à 1 g par jour, à prendre à jeun le matin. Ce n'est pas très bon, mais c'est très efficace !

Je tente l'homéopathie

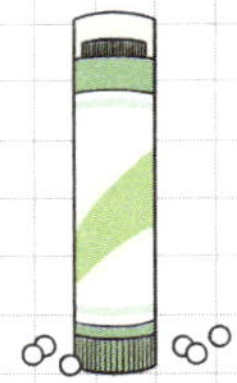

L'homéopathie ne se limite pas à Chamomilla et à Arnica, que vous dégainez à chaque poussée dentaire et chaque bobo ! Cette médecine douce zéro danger peut aussi vous aider à retrouver un peu d'énergie avec des remèdes qui vont agir à la fois sur votre terrain et sur les symptômes physiques et psychologiques de votre fatigue.

Et concrètement, je fais quoi ?

En cas de fatigue émotionnelle, de gros efforts intellectuels avec maux de tête, ce trio homéo a fait ses preuves : China Rubra 9 CH, Kalium phosphoricum 9 CH et Sulfur iodatum 9 CH, 5 granules de chaque 2 fois par jour tant que les symptômes persistent. Si la fatigue est plutôt physique, remplacez Kalium phosphoricum par Arnica 9 CH. Si vous voulez aller plus loin avec une prescription 100 % personnalisée (et donc encore plus efficace), n'hésitez pas à consulter un médecin homéopathe.

Mes p'tits gestes « SOS, je fatigue ! »

- ✔ Gardez toujours une bouteille d'eau sous la main, car la déshydratation entraîne la fatigue.
- ✔ Respirez profondément 3 ou 4 fois un flacon d'huile essentielle d'épinette noire lorsque le coup de barre arrive.
- ✔ Adoptez la respiration en triangle dynamisante, pour réoxygéner le corps. Mode d'emploi : inspirez en 3 temps avec le thorax (la poitrine se soulève), restez en apnée, poumons pleins, sur 3 temps, expirez sur 3 temps (la poitrine s'abaisse).
- ✔ Faites une sieste flash : mettez votre téléphone en mode avion, fermez les yeux et régénérez-vous durant 5-10 minutes, top chrono.
- ✔ Tentez la réflexologie énergie : avec la pulpe du pouce et de l'index de la main opposée, stimulez les points ting, situés de chaque côté de la base des ongles, puis passez à l'autre main.

Mon programme immunité

Un rhume, une gastro ou, pire, une grippe qui vous laisse sur les rotules pendant deux semaines, ça ne tombe jamais bien, d'autant plus que l'arrêt maladie n'est pas prévu dans la convention collective des mamans ! Pour éviter d'attraper tous les virus de l'école ou du collègue (un peu trop collant), boostez votre immunité avec ce programme sur mesure.

Je mène une opération immunité dans l'assiette

Pour vous défendre contre les microbes de tous acabits, votre système immunitaire a besoin d'énergie et de munitions, et c'est en grande partie dans votre assiette qu'il doit les piocher !

Je fais le plein de fer et de zinc

Le fer intervient à différents niveaux dans les mécanismes de l'immunité, tandis que le zinc est essentiel à la fabrication des anticorps et des globules blancs, vos petits soldats de l'immunité.

Et concrètement, je fais quoi ?

Tout comme le fer, le zinc d'origine animale (huîtres et autres crustacées, bœuf, porc, œuf) est mieux assimilé que celui d'origine végétale, que l'on trouve dans le germe de blé, les céréales et le pain complet, les oléagineux, les graines de tournesol ou encore le cacao amer. Le mieux, c'est encore de miser sur les deux !

Je garde un œil sur les vitamines C et D

C + D : c'est le duo de vitamines anti-microbes ! La première est le carburant des globules blancs, tandis que la seconde est essentielle pour activer les lymphocytes T, les tireurs d'élite de votre système immunitaire.

Et concrètement, je fais quoi ?

Pour faire le plein de vitamine C, il n'y a pas que l'orange dans la vie, il y a le cassis, le kiwi, la mangue, le poivron, la mâche, le brocoli, le persil et certains super-aliments, comme la poudre d'acérola ou celle de camu-camu (une baie qui contient 60 fois plus de vitamine C qu'une orange, et qui est traditionnellement savourée dans la région amazonienne) ! Pour la vitamine D, c'est un peu plus compliqué. On en trouve bien dans les poissons gras et leurs huiles (d'où la fameuse cuillerée d'huile de foie de morue de nos grands-mères), le jaune d'œuf et les champignons, mais on la synthétise surtout via le soleil. Le plus simple pour ne pas en manquer : vous faire prescrire une ampoule de vitamine D à chaque changement de saison ou, mieux encore, prendre une complémentation journalière adaptée à vos besoins.

Je chouchoute ma flore intestinale avec des probiotiques

Votre intestin est peuplé de milliards de bactéries qui, loin de vous rendre malade, jouent un rôle clé dans votre immunité. Première ligne de défense : en adhérant à votre muqueuse intestinale, certaines d'entre elles empêchent d'autres bactéries, néfastes, de coloniser votre intestin. C'est l'effet barrière. Seconde ligne de défense : votre système immunitaire intestinal s'attaque aux microbes. Mais ça, c'est quand tout va bien. Or le stress, l'alimentation déséquilibrée et les traitements antibiotiques mettent vite le bazar dans le microbiote intestinal, avec à la clé un système immunitaire raplapla.

Et concrètement, je fais quoi ?

Sortez votre joker : les probiotiques, ces bactéries amies qui viennent prêter main-forte à votre flore intestinale ! Vous pouvez les trouver dans les produits fermentés (yaourt, kéfir, choucroute, miso, cornichon) ou, pour une action choc, sous forme de compléments alimentaires avec des souches « spécial immunité ». Demandez conseil à votre pharmacien ou, mieux encore, consultez un micro-nutritionniste (si cela n'allonge pas trop votre to-do list, évidemment !).

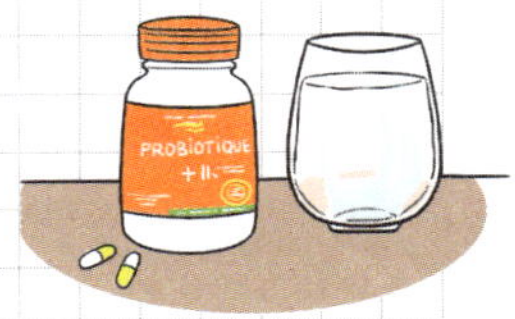

Recette : mon smoothie top-immunité

Dans un blender, mixez 1 yaourt nature + 1 mangue + 1 kiwi + des glaçons + une lichette de miel + 1 cuillerée à café de poudre d'acérola.

Mes courses « jamais malade »

- agrumes
- kiwi
- mangue
- poivron
- chou
- brocoli
- viande rouge de qualité (à raison d'une fois par semaine)
- ail
- céréales complètes, pain complet
- miel de thym ou de lavande (les plus antibactériens)
- huîtres
- poissons gras
- germe de blé
- curcuma
- yaourt
- kéfir
- cornichon
- choucroute
- jus de grenade
- super-foods immunité : poudre d'acérola, de lucuma, de camu-camu

J'appelle les médecines douces à la rescousse

Les antibiotiques, c'est pas automatique ! Pour doper votre immunité en prévention ou quand le mal est déjà là, les remèdes naturels sont au garde-à-vous.

Je booste mon immunité avec l'échinacée

Considérée comme sacrée par les Indiens d'Amérique, cette plante va également devenir votre divinité pour l'hiver ! Normal : elle devrait permettre à toute la famille de passer entre les gouttes des maladies ou, du moins, d'éviter les rhumes infinis. En prévention, elle tient votre système prêt à éliminer virus et bactéries avant qu'ils ne prolifèrent. Vous n'avez

pas pu éviter les miasmes du petit dernier ? L'échinacée augmente le pouvoir anti-infectieux de vos globules blancs, chez vous et chez votre enfant dès 5-6 ans ! Alléluia !

Et concrètement, je fais quoi ?

Pour plus d'efficacité, privilégiez l'échinacée sous forme de teinture mère (à commander en pharmacie) plutôt que de gélules ou de capsules. La posologie : 30 gouttes de teinture mère dans un peu d'eau chaque matin durant 2 à 3 semaines, et 5 gouttes chez l'enfant dès 5-6 ans, en cure également.

J'adopte le bon trio oligo

Cuivre-or-argent : ce n'est pas l'alliage de votre prochaine bague, mais le trio gagnant en oligothérapie pour tenir les maux de l'hiver à distance. Le cuivre a des vertus anti-inflammatoires, tandis que l'or et l'argent ont des propriétés tonifiantes.

Et concrètement, je fais quoi ?

Ce n'est pas à la bijouterie, mais bien à la pharmacie que vous trouverez ce trio sous forme de sirop ou de granules à sucer, à prendre pendant 3 mois au minimum selon la posologie indiquée sur la notice.

Je fais une petite cure de propolis

La propo… quoi ? La propolis est la substance résineuse fabriquée par les abeilles et recouvrant l'intérieur de la ruche pour la protéger des agressions extérieures en tout genre : microbes, champignons, insectes… À première vue, rien de très ragoûtant ! Pourtant, elle pourrait bien vous éviter de passer l'hiver la goutte au nez ! Votre story de l'hiver prochain : une cure de propolis pour éviter rhino, grippe, angine & co.

Et concrètement, je fais quoi ?

Vous trouverez la propolis sous forme de gomme à mâcher, en extrait liquide à prendre dans un peu d'eau ou de miel ou en comprimés, à prendre en cure de 3 semaines selon la posologie du produit. Les enfants ont eux aussi droit à la propolis, avec certaines spécialités élaborées spécialement pour eux.

Mes bons réflexes anti-microbes

- Adoptez l'infusion de thym. Laissez infuser 1 à 2 g de plante séchée dans 15 cl d'eau bouillante durant 10 minutes, et buvez 3 ou 4 tasses par jour.
- Lorsqu'un de vos collègues a une toux suspecte, diffusez de l'huile essentielle de citron pendant 20 minutes toutes les 4 heures pour assainir l'atmosphère. Sauf en cas de présence, dans votre open space, d'une future maman.
- Dès que la gastro traîne dans les parages, déposez une goutte d'huile essentielle de ravintsara dans le creux de votre poignet, sauf si vous êtes enceinte, si vos bambins ont moins de 6 ans ou s'il y a des asthmatiques dans la famille.
- La gorge commence à gratter ? Prenez 1 cuillerée de miel de thym ou, plus efficace encore, optez pour un pschitt de propolis.
- Lorsque les virus en tout genre contre-attaquent, testez l'extrait de pépin de pamplemousse (EPP), véritable antibiotique naturel. La posologie : 3 fois 15 gouttes par jour, diluées dans un verre d'eau ou de jus de fruit.
- Et, bien sûr, n'oubliez pas de vous laver régulièrement les mains et de glisser du gel hydroalcoolique dans votre sac (à utiliser dès que vous sortez du bus ou du métro !).

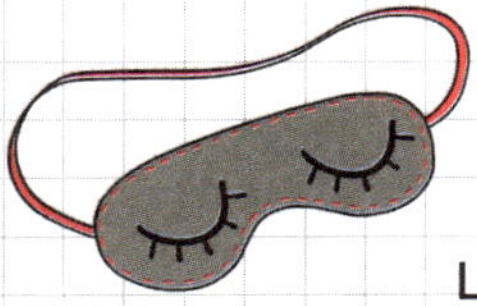

Je chouchoute mon sommeil

Loin de se mettre en mode veille, votre corps travaille (encore) au lit. C'est en effet pendant la nuit que de nombreux mécanismes physiologiques essentiels à votre énergie, mais aussi à votre zénitude et à votre immunité, ont lieu. Conclusion : pour une charge mentale allégée, roupillez ! Mais ça, vous le saviez déjà, non ?

Le sommeil, il a tout bon !

Vous pensiez gérer en ne dormant que 5 heures par nuit ? À court terme, cela peut passer, mais pour tenir sur la durée, il va falloir penser sérieusement à avancer l'heure du coucher ! La preuve…

- **Sans paresse, vous décuplez votre stress !** En effet, il est prouvé qu'une privation de sommeil entraîne le lendemain un niveau de stress plus élevé. On sait aussi que, parmi les quelque 700 gènes affectés par des nuits de moins de 6-7 heures, certains sont directement impliqués dans la gestion du stress.
- **En raccourcissant vos nuits, vous multipliez les risques de tomber malade !** Sur ce point, zéro doute ! Une flopée de travaux scientifiques ont prouvé que les hormones libérées par le cerveau durant le sommeil sont essentielles pour soutenir le système immunitaire et qu'une restriction chronique de sommeil diminue l'activité des globules blancs et des anticorps.

Quand le stress perturbe le sommeil…
Stress, troubles du sommeil, fatigue, stress : c'est un cercle vicieux. Vous ruminez sur l'oreiller et avez du mal à vous endormir, donc vous êtes fatiguée, donc stressée, donc vous ruminez…
L'explication est à chercher du côté des hormones : l'adrénaline et le cortisol maintiennent votre cerveau en alerte et retardent la sécrétion de mélatonine, hormone du sommeil. En cas d'insomnie, la durée du sommeil paradoxal est par ailleurs plus courte, or c'est durant cette phase que le cerveau se ressource. Ce n'est pas tout : dormir 6 heures par nuit au lieu de 8 augmente le taux de cortisol de 50 %. Bref, c'est le serpent qui se mord la queue !

Avant de me mettre au lit, je m'organise aussi !

Quoi de plus naturel que de dormir… en théorie ! En pratique, il arrive que Morphée soit un peu en retard, voire qu'il vous pose carrément un lapin. Pour le recadrer illico, petit rappel des règles d'or pour bien vous préparer au dodo !

Je planifie ma mise au lit !

Des horaires de coucher et de lever réguliers, idéalement le week-end aussi, favorisent un sommeil de qualité, et votre bonne humeur toute la journée (ou presque). À noter : vous recaler sur un rythme régulier pendant une semaine suffit parfois pour faire passer un petit coup de mou.

Je guette les signes de sommeil

Les yeux qui piquent, les bâillements : vous avez passé des années à les scruter chez votre petite dernière, il serait temps de les écouter… et de vous mettre au lit dès qu'ils apparaissent (mais pas avant). Ainsi, le cerveau associe le lit au sommeil. Et, comme pour votre bébé, inventez-vous un petit rituel du coucher qui invite à somnoler : séance de démaquillage, exercice de respiration, méditation, lecture…

Je me mets en mode avion avant même d'être sous l'édredon !

Non seulement les écrans maintiennent le cerveau en mode alerte, mais en plus ils émettent une lumière bleue qui retarde la sécrétion de la mélatonine. Votre mot d'ordre : pas d'écrans (Smartphone, ordi, tablette) au moins 2 heures avant de vous mettre au lit ! Si ce n'est vraiment pas possible et que votre série du soir est votre petit plaisir de la journée, utilisez un logiciel (F.lux ou Twilight, par exemple), une appli (Filtre Lumière Bleue) ou des lunettes qui bloquent la lumière bleue. Et, pour l'éclairage du soir, optez pour des ampoules à lumière blanche chaude plutôt qu'à lumière du jour.

Je m'offre une chambre pro-dodo !

Vous déménagez, redonnez un coup de neuf à votre chambre à coucher ? C'est le moment de vérifier que vous avez un matelas de qualité (à changer tous les 10 ans au minimum), un bon oreiller, une température pas trop élevée (15 à 19 °C), des volets et des rideaux qui filtrent bien la lumière et… du calme ! Exit les appareils électriques, les piles de livres ou, pire encore, les dossiers du travail. Pas feng shui tout ça !

Charge mentale : l'inégalité est aussi sur l'oreiller !

Des chercheurs se sont penchés sur le sommeil de près de 6 000 personnes afin de déceler les facteurs possibles de privation du sommeil. Surprise (ou pas vraiment) : avoir des enfants apparaît comme le perturbateur du sommeil numéro 1. Seules 48 % des femmes de moins de 45 ans ayant des petits dorment au moins 7 heures par nuit, contre 62 % chez les femmes n'ayant pas d'enfants. Autre surprise (qui n'en est pas vraiment une non plus), ce lien de cause (les enfants) à effet (moins de sommeil) n'est pas observé chez l'homme. Papa ou non, lui dort sur ses deux oreilles !

Il est l'heure de me coucher, j'apprends à respirer !

Ça y est, vous savourez enfin ce moment de félicité absolue où les enfants dorment et où votre matelas épouse parfaitement les courbes de votre dos en bouillie ? Si vous êtes proche du #bedgasm (contraction de *bed,* « lit », et d'*orgasm,* bref, vous voyez l'idée), encore vous faut-il trouver le sommeil. En la matière, rien ne vaut une bonne respiration !

Je respire... à fond !

Vous respirez, c'est certain, mais peut-être pas très bien, peut-être de façon étriquée, avec seulement le haut du ventre. Or le souffle et le cerveau sont étroitement liés, et une mauvaise respiration peut avoir des conséquences sur votre psychisme, et du coup sur votre sommeil ! Comment ? En respirant profondément, vous déclenchez votre système parasympathique, une partie de votre système nerveux qui a une action apaisante sur divers organes... dont votre cerveau.

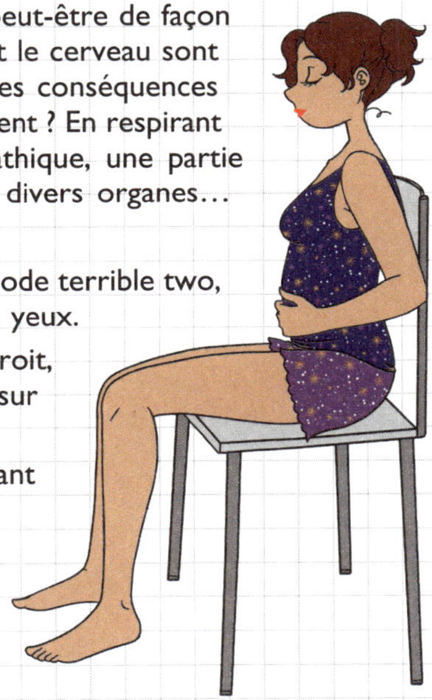

Si vous vous couchez après une énième colère de Léo, en mode terrible two, testez la respiration abdominale au moment de fermer les yeux.

- Asseyez-vous confortablement, les pieds à plat, le dos droit, bien calé contre le dossier de la chaise. Posez une main sur votre ventre, fermez les yeux.
- Inspirez par le nez en gonflant le ventre et en comptant jusqu'à 3. Votre main doit légèrement se soulever.
- Expirez par le nez, en dégonflant le ventre, en comptant jusqu'à 3. Respirez calmement et profondément, en fixant votre attention sur la circulation de l'air dans votre corps.
- Répétez le cycle 10 fois.

Je respire... en rythme !

La cohérence cardiaque consiste à respirer à un rythme précis : on inspire pendant 5 secondes, on expire pendant 5 secondes, soit 6 respirations par minute. Cette fréquence permet de ralentir le rythme cardiaque et, parce que votre cœur est intimement lié à votre cerveau, de calmer votre état émotionnel. Pour bénéficier pleinement de ses bienfaits, reste à vous imposer un (tout petit) peu de discipline en la pratiquant 3 fois par jour, matin, midi et soir, pendant 5 minutes. Tentée ? Inspirez-vous des vidéos de la chaîne YouTube de David O'Hare, LE spécialiste de la cohérence cardiaque, ou téléchargez une appli (RespiRelax, MaCoherenceCardiaque, SymbioLine...).

JE PRENDS SOIN DE MOI

Je suis toujours sur le qui-vive : je trouve des alternatives !

Vous avez eu beau préparer votre petit nid et respirer comme un yogi, vous êtes bien partie pour veiller toute la nuit ? Tentez un remède d'appoint et une astuce à plus long terme pour favoriser votre sommeil.

Je suis encore au lit : je tente de trouver le sommeil avec les plantes !

Si votre charge mentale s'invite jusque sur l'oreiller, testez la passiflore. Cette plante est un véritable anxiolytique naturel, sans effet secondaire ni risque d'accoutumance. Pour un sommeil encore plus profond, associez-la à la valériane. La posologie : 20 gouttes de chaque plante sous forme de teinture mère avant le coucher.

Dès le lendemain : je bouge !

Faire du sport régulièrement augmente la durée du sommeil, mais évitez les séances de running ou en salle le soir, car l'activité physique a un effet stimulant peu propice au sommeil : elle active les circuits de l'éveil et fait monter la température corporelle. En théorie, c'est lorsqu'on fait son sport entre 4 et 8 heures avant le coucher que les effets positifs sur le sommeil sont le plus forts. Impossible de caser votre séance le matin ou le midi ? Tâchez simplement de vous activer 2 heures avant le coucher.

5 règles d'or pour moins me mettre la pression !

Pour alléger votre charge mentale, encore faut-il faire un travail… sur vous ! Eh oui, c'est encore à vous de vous y coller ! À la clé : un peu plus de bienveillance et d'indulgence envers vous-même pour un peu moins de pression au quotidien.

Je prends du temps pour moi (parce que je le vaux bien)

La dernière fois que vous êtes allée chez le coiffeur ou boire un verre (ou deux ou trois) avec les copines, votre enfant de 5 ans avait encore des poussées dentaires, voire n'avait pas encore pointé le bout de son nez.

Le problème

Ajouter une case « moi » dans un emploi du temps déjà super-chargé ? Mission impossible, à moins de pouvoir vous dédoubler ! Mais plus vous êtes écrasée par la charge mentale, et plus il est indispensable de prendre du temps pour vous. Tout le monde vous en remerciera : votre famille a besoin que vous soyez bien dans vos baskets pour l'être elle aussi. Reboostée et nourrie de bonnes ondes, vous n'en serez même que plus efficace au quotidien. Oui, vous accorder une pause est matériellement difficile, mais vous êtes souvent votre premier obstacle.

La solution : un pas-à-pas pour prendre du temps pour moi...

Étape 1 : je m'autorise à prendre du temps pour moi !

C'est nécessaire pour vous, pour votre bien-être, pour votre santé physique et mentale... Combien de raisons vous faut-il pour vous lancer ? Si vous ne vous décidez pas, personne ne le fera à votre place !

Étape 2 : je ne culpabilise pas !

Faire un break, se faire plaisir, c'est un besoin naturel pour tout le monde, maman comprise. Vous accorder du temps sans vos enfants, ce n'est pas moins les aimer. Au contraire !

Étape 3 : je choisis une activité qui me plaît !

Vous roulez des yeux quand les copines partagent en live leur parcours de running ? Le yoga ou le pilates vous tentent autant que de déclarer vos impôts ? Pas question d'obéir aux diktats du moment et de passer le peu de temps que vous avez à vous consacrer à faire quelque chose qui vous ennuie ! Misez sur une activité qui vous booste, vous permet de décompresser ou vous fait du bien, que ce soit du curling, du tricot ou des cours de dessin !

Étape 4 : je planifie !

Pas question de faire passer votre temps pour vous à la trappe parce qu'un énième item s'est ajouté sur votre to-do list ! La solution : planifiez vos exutoires au même titre que toutes vos tâches et obligations. Et bloquez ce créneau, sinon il risque de disparaître au moindre grain de sable dans votre planning !

Étape 5 : je coupe, totalement !

Tout organiser en amont pour les enfants en votre absence ? Ce n'est pas le but du jeu ! Laissez à votre moitié la tâche gérer la petite troupe en votre absence !

Étape 6 : je le fais !

Reporter à une énième échéance, mettre vos besoins (à nouveau) au second plan ? Pas moyen ! Si votre grand a ENCORE un match de foot, missionnez votre +1 pour assurer le transfert sur le terrain !

Étape 7 : je le savoure !

Ne pas culpabiliser, ne pas penser aux enfants, à ce qu'ils font ou ne font pas ? Oui, vous allez finir par y arriver, et enfin PROFITER !

Étape 8 : je fais un bilan !

Comment vous sentez-vous après votre escapade ? Votre famille a-t-elle pâti de votre absence ? Le monde s'est-il arrêté de tourner ? Vraisemblablement, non…

À vous de jouer !

Notez ici les activités que vous aimeriez faire en priorité quand vous prendrez du temps pour vous :

……………………………………………………………………………………………………

……………………………………………………………………………………………………

……………………………………………………………………………………………………

……………………………………………………………………………………………………

……………………………………………………………………………………………………

3 astuces pour prendre du temps pour vous l'air de rien !

- Durant les activités des enfants, plutôt que de jouer sur votre Smartphone, chaussez vos baskets et faites un petit running ou sortez vos pelotes, votre bouquin, bref tout ce qui vous fait vraiment du bien !
- Posez vos RTT ou jours de récup un jour d'école UNIQUEMENT !
- Une ou deux fois par mois, instaurez un vendredi ou un samedi soir solo pour un verre ou un ciné avec les copines, ou autre activité qui vous détend les neurones !

J'apprends à dire non (sur tous les tons)

Tenir un stand à la kermesse, garder le petit cousin, vous occuper de l'organisation des 40 ans de mariage de vos parents : on peut compter sur vous ! Votre entourage l'a bien compris… et en profite un peu sur les bords.

Le problème

Comme il n'y a que 24 heures dans une journée, prendre un peu de temps pour vous nécessitera sûrement d'en donner un peu moins aux autres. Le hic : vous avez pris l'habitude d'accepter toutes les demandes par devoir, par peur (de culpabiliser / d'être jugée / d'entrer en conflit / de blesser / de devoir vous justifier / de ne pas être aimée… rayez les mentions inutiles), mais aussi un peu par autosatisfaction ! Certes, se sentir indispensable, ça fait du bien, mais à la longue, ça épuise !

La solution : dire non !

Votre nouveau mot d'ordre : dire non aux autres, pour vous dire oui à VOUS, vous rapprocher de VOS désirs, prendre en compte VOS besoins. Dire non, c'est aussi prendre confiance en vous, en votre valeur !

À vous de jouer !

Listez ici les tâches que vous pourriez refuser !

Tâches que je pourrais refuser	Ce que je crains qu'il arrive si je refuse	Ce qui est arrivé quand j'ai refusé
....	....	....
....	....	....
....	....	....
....	....	....

Je dis stop au perfectionnisme !

Avoir une maison toujours clean, des enfants tirés à quatre épingles et les compliments de votre boss… que ce soit à la maison ou au boulot, vous visez toujours le 20/20.

Le problème

Le perfectionnisme alimente allègrement la charge mentale ! À vouloir trop faire, trop bien, vous multipliez les obligations, ajoutant du poids votre charge mentale. Et à mettre la barre (beaucoup) trop haute, vous risquez d'être éternellement insatisfaite. Comme rien n'est jamais assez bien, vous ne relâchez jamais la pression ! Qu'est-ce qui se cache derrière cette perfectionnite aiguë ? Il y a souvent un désir de plaire, une volonté de prouver votre valeur qui peut prendre racine dans une faible estime de vous. Parfois, ce perfectionnisme vient comme un pansement sur votre culpabilité de maman : vous essayez de compenser vos absences dues au travail en faisant tout à la maison, et même plus. Résultat : vous êtes enfermée dans un cercle vicieux.

La solution : adopter 6 bons réflexes pour doper votre estime de vous

1. **Félicitez-vous de vos réussites, même petites !** Cette année, vous avez distribué les invitations pour les 5 ans de la petite trois semaines à l'avance ? Big up à vous !

2. **Acceptez les compliments sans vous déprécier !** Vos invités vous disent que votre tarte au citron meringuée est superbonne ? Dites merci, sans penser à la meringue qui, selon vous, aurait mérité un peu plus de cuisson. Vous n'êtes pas devant le jury du *Meilleur Pâtissier* !
3. **Listez vos qualités, vos capacités et vos points forts !** Vos super-créneaux, votre rire communicatif, votre légendaire ponctualité : tout est bon à prendre pour booster votre estime de vous.
4. **Remplacez chaque pensée négative par une pensée positive !** Vous éprouvez un vague sentiment de culpabilité après vous être (très vite) énervée contre la petite qui (une fois de plus) ne voulait pas prendre son bain ? Pensez plutôt au gros câlin que vous allez lui faire après l'histoire du soir.
5. **Faites petite détox digitale pour arrêter de comparer** votre vie (nulle) à celle (super) des autres. Cette influenceuse qui retrouve un bikini body 2 semaines après son accouchement, c'est mis en scène, ne soyez pas dupe !
6. **Devenez adepte du satisficing !** Contraction de *satisfying*, « satisfaisant », et *sufficing*, « suffisant », cette pratique vise à vous satisfaire d'une option valable, mais pas optimale. Autrement dit à accepter une situation suffisamment bonne à défaut d'être parfaite. Et ça marche ! Les chercheurs ont montré que les personnes pratiquant le satisficing étaient globalement plus heureuses de leurs choix que les perfectionnistes !

J'apprends à lâcher prise !

De la cuisson des pâtes à l'emploi du temps des enfants chez papi-mamie en passant par le devis du plombier pour la nouvelle salle de bains, vous souhaitez garder le contrôle sur tout !

Le problème

Vouloir tout contrôler, comprendre, partout, tout le temps, cela prend du temps, de l'énergie… et c'est peine perdue !

La solution : arrêtez de vouloir tout contrôler !

Apprendre à lâcher prise n'est pas un aveu de faiblesse, c'est au contraire un gage de sagesse ! Vous détacher du désir de maîtrise vous permet de ne pas vous fatiguer inutilement, physiquement et mentalement pour des choses sur lesquelles vous n'avez que peu ou pas de prise. C'est aussi accepter l'imprévu, car malheureusement (ou heureusement), il y en aura toujours ! Certaines choses sont de votre ressort, d'autres non ! Lâcher prise, c'est aussi accepter que les choses ne soient pas faites exactement à votre manière. Et c'est indispensable lorsque vous déléguez une tâche !

À vous de jouer !

Voici un petit exercice pour apprendre à lâcher prise, en prenant pour exemple 3 situations qui, aujourd'hui, vous stressent, vous inquiètent, bref, vous polluent l'esprit. Essayez d'y réfléchir le plus objectivement possible, afin de relativiser.

J'adopte le positive thinking

Être positive, ce n'est clairement pas votre point fort ! Pourtant, voir le verre à moitié plein plutôt qu'à moitié vide permet aussi d'alléger la charge mentale.

Le problème

De l'éducation de vos enfants à votre travail en passant par votre vie de couple, vous avez l'impression que tout ce que vous faites, tout ce qui vous arrive est moins bien que les autres, ou pas assez bien, voire nul. En gros, vous voyez la vie en mode négatif, au risque de passer à côté de ce qui va bien.

La solution : adopter 4 astuces pour vous mettre en mode « positive attitude »

- **Endormez-vous en mode positif,** en vous remémorant 3 plaisirs du jour, en les visualisant, en essayent de vous rappeler les sensations vécues sur le moment. L'objectif : permettre à votre cerveau de s'endormir dans de bonnes dispositions.
- **Dégainez votre plus beau sourire,** l'une des armes (infaillibles) de la psychologie positive. Cela paraît trop simple pour être réellement efficace, mais ça marche ! Sourire vous aide à vous sentir bien et à mieux gérer votre stress. Comment ? L'activation des muscles faciaux liés au sourire permettrait de déclencher la sécrétion d'endorphines et de sérotonine, les hormones du bien-être. Cerise sur le gâteau, le sourire modifie l'attitude des autres envers vous, en mieux évidemment. Cheese !
- **Entretenez vos amitiés,** en essayant d'organiser un petit apéro par semaine sans vous arracher les cheveux avec les préparatifs. Ce n'est pas le cake aux tomates confites qui compte, mais simplement les (bonnes ou mauvaises) blagues, les potins du jour et le moment partagé !

- **Cultivez l'altruisme,** car, à l'instar du sourire, s'intéresser aux autres entraîne la sécrétion de tout un tas d'hormones qui vous font du bien, même (et surtout) avec des inconnus. Les rencontres avec de nouvelles personnes sont bénéfiques au bien-être émotionnel : c'est la science qui le dit !

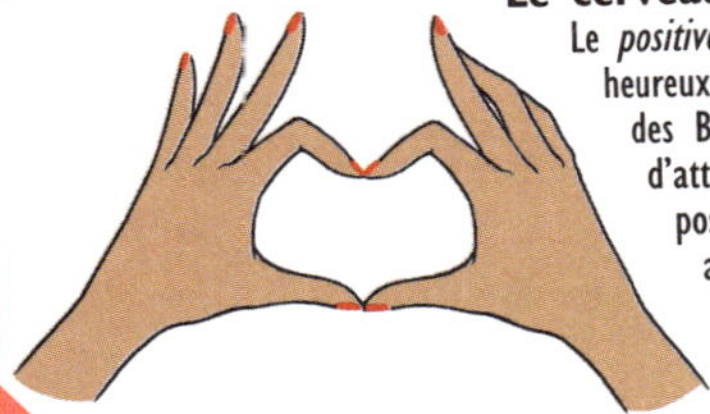

Le cerveau en mode positif

Le *positive thinking*, ou psychologie positive, s'attache à comprendre ce qui rend les gens plus heureux, plus efficaces et plus optimistes au quotidien. Il ne s'agit pas de vivre au pays des Bisounours, mais de penser, de réagir et de modifier sa perception des choses afin d'atteindre un certain équilibre émotionnel. Vingt ans après la création de la psychologie positive, les neurosciences, techniques d'imagerie médicale à l'appui, ont validé cette approche : oui, il est possible d'entraîner son cerveau à voir la vie de façon plus positive. Cerise sur le gâteau, cela permet d'être plus productif : un cerveau qui fonctionne en mode positif génère 31 % de productivité en plus. Souriez !

Mes outils pour gérer ma charge mentale à petits pas

Organiser votre maison et votre quotidien, communiquer avec votre +1, déléguer malin… Vous avez désormais les clés pour gérer votre charge mentale comme une déesse. Le problème : faute de savoir par quel bout prendre le dossier, vous êtes presque tentée d'allonger votre to-do list avant de la raccourcir ! Deux petits outils devraient vous permettre d'y voir plus clair !

Je me fixe des objectifs SMART

Vous avez décidé de repenser de fond en comble de votre maison ? De responsabiliser davantage vos enfants ? Bravo ! Pour vous lancer sans paniquer, pensez SMART.

Un objectif SMART (« intelligent »), c'est quoi exactement ?

Imaginée par Peter Drucker pour le monde de l'entreprise, la méthode objectif SMART est aujourd'hui reprise par de nombreux acteurs du développement personnel, du coaching et même des régimes. Son objectif : vous aider à vous fixer des objectifs réalisables et efficaces en cinq lettres.

- **S, comme Spécifique :** l'objectif doit être adapté à la personne en charge de le réaliser. Il doit donc être en lien avec votre champ de compétences, et vous devez avoir les moyens de le réaliser. Même chose s'il s'agit d'un objectif fixé pour votre homme ou vos enfants.
- **M, comme Mesurable :** il doit exister un indicateur pour évaluer les progrès.
- **A, comme Ambitieux et Accepté :** l'objectif doit nécessiter un effort conséquent. Sans challenge, pas de résultat !
- **R, comme Réaliste :** attention, ambitieux ne veut pas dire irréalisable, au risque de vous décourager ! Être assez difficile sans trop l'être : à vous de trouver le bon équilibre pour éviter les #fails !
- **T, comme limité dans le Temps :** n'oubliez pas de vous fixer une échéance pour rester investie et vous mettre (la juste dose) de pression.

À vous de jouer !

Notez ici quelques idées d'objectifs SMART pour alléger votre charge mentale, en vous inspirant (ou pas !), des différents conseils retenus au fil de votre lecture…

Kaizen, la méthode des petits pas !
Utilisée dans les grandes entreprises, et notamment chez Toyota, la méthode kaizen vient du Japon. Fusion de *kai*, « changement », et *zen*, « meilleur », cette méthode « d'amélioration continue » consiste à effectuer des petites améliorations au quotidien, comme autant de petites étapes sur le chemin de la réussite !

J'adopte la méthode kaizen

Notre cerveau apprécie peu le changement ! Face à un gros bouleversement de ses habitudes, il rechigne, fait le difficile, le fainéant. Inutile donc de vouloir révolutionner l'organisation de la maison du jour au lendemain. Pour amadouer vos neurones, fixez-vous des micro-objectifs dans chaque domaine que vous souhaitez changer en vue d'alléger votre charge mentale. L'outil qu'il vous faut pour cela : la méthode kaizen.

Et concrètement, je fais comment ?

Là encore, restez zen, sortez une feuille blanche ou un petit cahier et procédez par étapes en identifiant…

1. Votre situation actuelle, en d'autres termes, le problème !
2. Votre but ou votre objectif, brièvement décrit !
3. Les petits pas pour atteindre cet objectif. À noter : vous pouvez en fixer autant que vous voulez, mais attention, évidemment, à ne pas vous laisser déborder !
4. Votre bilan : évaluez les résultats de ces petits pas, les bienfaits au quotidien, les sentiments que cela éveille chez vous.
5. Votre marge de progression : que pouvez-vous corriger ? Adaptez si besoin est ces petites étapes pour qu'elles soient couronnées de succès !

Pour finir, n'oubliez pas de vous féliciter du chemin parcouru !

Conclusion

Face à cette montagne d'infos, de conseils, de choses à modifier ou à mettre en place dans votre quotidien, vous vous sentez peut-être encore plus écrasée par la charge mentale… et un chouïa découragée devant l'ampleur de la tâche. C'est vrai : la lutte contre la charge mentale se joue sur tous les fronts, mais tentez de rester zen…

Vous verrez, dès que vous en aurez discuté avec votre +1, les solutions pour vous soulager devraient se mettre en place rapidement. Vous soupirez à l'idée de devoir aborder pour la énième fois la question avec votre homme ? C'est compréhensible, mais n'oubliez pas : communiquer (ou dans votre cas marteler), c'est la base pour résoudre tout problème, surtout lorsqu'il est invisible – pour les autres du moins ! –, comme la charge mentale. Cette reconnaissance de ce que vous vivez au quotidien vous donnera le petit coup de boost et les forces nécessaires pour entamer le changement, accompagnée et soutenue par votre famille.

C'est un travail d'équipe, mais aussi de longue haleine, qui sera sûrement ponctué de petites tensions, de retours en arrière, d'hésitations. Mais ne doutez jamais de vous ! Soyez bienveillante envers vous-même, ne vous mettez pas trop de pression. Vous faites du mieux que vous pouvez, avec les moyens que vous avez. Ne l'oubliez pas et prenez soin de vous : toute votre famille vous en remerciera !

Bibliographie

- Dr Aurélia Schneider, *La Charge mentale des femmes… et celles des hommes*, Larousse, 2018.
- Christophe André, *Et n'oublie pas d'être heureux ; abécédaire de psychologie positive*, Odile Jacob poche, 2014.
- Lisa Druxman, Marion McGuinness, *Mother Power*, Au fil de soi, 2018.
- Cédric Bruguière, Marlène Schiappa, *J'arrête de m'épuiser*, Eyrolles, 2015.
- Anne-Sophie Levesque Brianceau, *Mon cahier Super organisée*, Solar, 2017.
- Christine Klein, *Mon p'tit cahier Éducation positive*, Solar, 2018.
- Dr Paul Goetz, *Stimuler l'immunité*, Solar Santé, 2018.
- Geneviève Bouchez Wilson, Pascale Molho, *La communication non violente, c'est malin*, Leduc.s, 2014.
- Shawn Achor, *Comment devenir un optimiste contagieux*, Pocket, 2017.
- Camille Berta, *Ma boîte à outils pour organiser et ré-enchanter ma vie de famille*, Dunod, 2018.
- David O'Hare, *5 minutes le matin ; exercices simples de méditation pour les stressés très pressés*, Thierry Souccar Éditions, 2013.
- Anne Loiseau, *La Révolution du batch cooking*, Larousse, 2017.
- Monique Haicault, *La Gestion ordinaire de la vie en deux ; sociologie du travail*, Elsevier Masson, 1984, 26, Travail des femmes et famille (3), p. 268-277.
- *Entre famille et travail*, sous la direction d'Ariane Pailhé et d'Anne Solaz, La Découverte, 2009.
- « Femmes et hommes, l'égalité en question », édition 2017, INSEE.
- « Les Français et la charge mentale », sondage Ipsos/0_2Care, mai 2018.
- Institut européen de diététique et de micronutrition (IEDM), *Écho de la micronutrition* n° 37, « Pleins feux sur le magnésium ».
- Clémentine Bosch-Bouju, Thomas Larrieu, Louisa Linders, Olivier J. Manzoni et Sophie Layé (2016), « Endocannabinoid-mediated plasticity in the nucleus accumbens controls vulnerability to anxiety after social defeat stress », *Cell Reports*.
- S. Carla et *al*, « Sleep loss and the human blood transcriptome », Proceedings of the National Academy of Sciences, février 2013.
- A.A. Prather, D. Janicki-Deverts, M.H. Hall, S. Cohen, « Behaviorally Assessed Sleep and Susceptibility to the Common Cold », *Sleep*, 2015, 38(9):1353-1359.
- « Living with children may mean less sleep for women, but not for men », American Academy of Neurology, Annual Meeting, 2017.

Carnet d'adresses

Pour trouver un thérapeuthe en médecine douce : www.medoucine.com
Le site de l'Institut européen de diététique et de micronutrition (IEDM), pour trouver un micronutritionniste : www.iedm.asso.fr
La Fabrique à menu, pour glaner des idées de menus en accord avec les repères nutritionnels du PNNS : www.la-fabrique-a-menus.fr/front/
Des carnets de recettes et des planificateurs de menus en ligne : www.menuhebdo.com
L'association Discipline positive France, pour s'informer, connaître les dates des ateliers, des conférences et des formations : www.disciplinepositive.fr
Pour se faire des séances d'hypnoméditation tranquillement à la maison, et en musique : www.mental-waves.com
Pour faire le plein d'astuces et de conseils pour mamans débordées : www.femmesdebordees.fr, www.zen-et-organisee.com
Pour trouver une oreille attentive en cas de difficultés dans sa vie de maman, Allô Parents Bébé (www.alloparentsbebe.org) 0800 00 34 56.

Remerciements
Aux éditions Solar, qui m'ont fait confiance, et bien évidemment à Véronique Deiller, éditrice de choc, ancienne collègue de bocal à poisson et surtout amie, qui a pensé à moi pour cet ouvrage et a su le transformer de chrysalide en papillon.
À Isis, Ulysse et Clémentine, qui en me faisant maman ont certes contribué à augmenter ma charge mentale, mais m'apportent tellement par ailleurs. Petites larmes.
À ma maman, qui, en ayant été un modèle de dévouement domestique, a sûrement elle aussi ajouté un peu de poids à ma charge mentale, mais reste mon roc. Je t'aime, maman.
À toutes les personnes rencontrées ces dernières années qui m'ont aidée, chacune à leur manière, à me retrouver.
Au soleil de Montpellier, au bruit des vagues et aux paysages de l'arrière-pays, qui me ressourcent.

MON P'TIT CAHIER MONTESSORI
MON P'TIT CAHIER ÉMOTIONS
MON P'TIT CAHIER ÉDUCATION POSITIVE
MON P'TIT CAHIER MÉDITATION
MON P'TIT CAHIER MASSAGE POUR MON BÉBÉ
MON P'TIT CAHIER MA GROSSESSE AU NATUREL
MON P'TIT CAHIER CONFIANCE EN SOI
MON P'TIT CAHIER LA 1RE ANNÉE DE MON BÉBÉ
MON P'TIT CAHIER ARRIVÉE DU 2E
MON P'TIT CAHIER AUTONOMIE
MON P'TIT CAHIER EN PLEINE FORME
MON P'TIT CAHIER CONCENTRATION
MON P'TIT CAHIER COLÈRE
MON P'TIT CAHIER ANIMAUX DE COMPAGNIE
MON P'TIT CAHIER NATURE
MON P'TIT CAHIER ZÉRO DÉCHET
MON P'TIT CAHIER MON ENFANT À HAUT POTENTIEL
MON P'TIT CAHIER YOGA
MON P'TIT CAHIER YOGA PRÉNATAL
MON P'TIT CAHIER MON ENFANT HYPERACTIF
MON P'TIT CAHIER PENSÉE POSITIVE
MON P'TIT CAHIER NO STRESS
MON P'TIT CAHIER D'ACTIVITÉS MANDALA
MON P'TIT CAHIER D'ACTIVITÉS MONTESSORI

Direction : Jean-Louis Hocq
Direction éditoriale : Marion Guillemet
Collaboratrice éditoriale : Véronique Deiller
Édition : Bérénice Taveau
Correction : Chloé Chauveau
Conception et mise en couleur de la couverture : Stéphanie Brepson
Mise en pages : Nord Compo
Fabrication : Laurence Duboscq

ISBN : 978-2-263-15860-5
Code éditeur : S15860P
Dépôt légal : août 2019
Imprimé en France par Imprimerie de Champagne

Solar, un département d'**Edi8**